特別付録

一人さんの言葉
書：柴村恵美子
オリジナルカード

切り取って部屋に飾ったり、
鞄に入れて持ち歩いたりして、
楽しく幸せになりましょう！

自分の
気元がとれれば
人生の達人
えみ子♡

線に沿って丁寧に切り取ってください

斎藤一人
ひとり

上気元《じょうきげん》

「強運」に引き寄せられる習慣

The Power of
JOU-KIGEN

柴村恵美子
Emiko Shibamura

PHP研究所

まえがき

この本を手にとってくださった〝あなた〟に心から感謝いたします。

この本の著者で、地球に住んでるワクワク宇宙人、代表の、
柴村恵美子と申します。

〝あなた〟がこの本を手に取った理由はなんでしょうか。

いつも明るく楽しく笑っていたい。
人を愛し、愛される、幸せな人生を送りたい。
豊かな心を持ち、人生を充実させたい。
そう願いつつも、

著者　柴村恵美子

「なんで、この人と結婚してしまったんだろう」

「なんで、この職場の人はこうなんだろう」

「あの人はあんなに幸せにしてるのに、なぜ私は……」

「なぜ、思ったことを引き寄せられないんだろう」

「どうしたら、ワクワクだけで生きていけるんだろう」

「どうしたら、もっと、人をゆるせるようになるんだろう」

「なぜ、こんなにも心がささくれだっているんだろう」

「どうしたら、いつも機嫌よく生きられるんだろう」ｅｔｃ．

迷いの中に人は生きるものだと、もし、みなさんが思っているのだとしたら、
この本は、みなさんにとって笑撃《しょうげき》的な一冊になることでしょう。
笑いながら、あなたの運勢が好転していく〝きっかけ〟を、
一人でも多くの人に提供したいなって、私は思っています。

私の本業は事業家です。
以前の私は〝気さくな指圧師のエミちゃん〟と呼ばれていました。
そんな私が事業家に転身して無借金経営を続け、
気がつけば、「大セレブ」「億万長者」と呼ばれるようになっていました。
その間、ありがたいことに私は何一つとして苦労をしませんでした。
歌の教室の先生をしたり、ラップのCDを出したり、
ハリウッドで、ミュージックビデオを作ったり、
自分がやりたいことはすべて、やってきました。
そう思った矢先、私のショートムービー（動画）を、
作りたいというクリエイターたちの声に押され、
令和元年には、女優のように、演技にも挑戦しました。

そんな私ですが、かつては迷いの中にいました。

迷いから脱出するのにたいへんな思いをしている方が多い中、
私はワクワクしながら、
軽やかに〝いい流れ〟に乗れちゃったんです。
そして、幸運が次なる幸運を呼び寄せる連鎖《れんさ》が、今も起き続けています。

迷いの中にいた私が、ひょいと〝いい流れ〟に乗れちゃったのは、
どうしてなのか、お話しさせていただきますね。
最初の、きっかけは、「地球に住んでる宇宙人」との出会いだったんです。

十八歳のときに出会った〝宇宙人〟
何があっても「あっ、かるく」豊か

私、柴村恵美子は十八歳のとき、ふるさとの北海道・清水谷村《しみずだに》（上士幌町《かみしほろ》）から上京しました。

当時の私は、六畳ひと間の木造アパートに住み、バイト代が入ったら、天ぷらうどんを食べるのを楽しみにしていました。

そして、その頃の私は、晴れた日には気分がよくなり、雨が降ると「今日は雨かあ……」とつぶやく、というような日々を過ごしていました。

周りの人の言葉や表情、環境など、外の状況にグラグラふりまわされてばかりいたのです。

根拠のない心配や不安に圧倒されて、〝自分の命〟を無駄遣いしていたなあ、と今の私は思います。

そんなときに出会ったのが、「地球に住んでる宇宙人」でした。

その宇宙人は男性で、私より少し年上で、超「あっ、かるい」人でした。

「あっ、かるい」とは、明るいんです。

明るいとは光です。光は軽いんです。
その軽さを強調して、「あっ、かるい」って言ってます。

その人が「あっ、かるい」ことは尋常《じんじょう》ではありませんでした。
五次元的「あっ、かるさ」と言ったらいいのでしょうか。
とにかく不思議な人でした。
私は、その人といっしょにいると、気持ちが「あっ、かるく」なりました。
そして、その人は、たくさんの人に愛されていました。
この宇宙人のように「あっ、かるく」生きたいと、私は願いました。
すると、宇宙人が教えてくれたんです。

「あっ、かるい」ということは、「機嫌よく生きよう」と心がければいいだけなんだよ。
何があっても「私は上気元《じょうきげん》で生きるんだ」って、思えばいいの。

＊私たちは「上機嫌」を「上気元」と書きます。

思ったと同時に幸運の連鎖、ついてる!

「上気元で生きること」を心に決めてから、私は苦労を呼び寄せなくなりました。
周りの人や環境にふりまわされて一喜一憂《いっきいちゆう》していた私が、
何があっても上気元な自分を保てるようになっていったのです。

さらには「あっ、かるく」て、善《よ》き仲間とめぐりあい、仕事も充実し、
その中で本当に自分がやりたいこと、叶《かな》えたい夢も見えてきました。
絶妙なタイミングで、私のやりたいことを応援してくれる人も現れました。
目には見えない、不思議な他力《たりき》が働いて、
私は、自分の思い描いた夢が叶うほう、叶うほうへと、運ばれていきました。

そして気がつけば、私は「地球に住んでる宇宙人」と呼ばれるようになっていたのです。

今の私は、日々、満たされて「際限《さいげん》のない幸せ」とともにいます。

この「上気元」という最高の波動を、「あっ、かるい」気を、
一人でも多くの方にお伝えしたいと思って、私はペンをとりました。

読んでいて、何かピンとくるものがあったら、ご自分の生活に取り入れてみてください。

それでは、これから、みなさまを、楽しい上気元の世界へご案内しましょう。

どうぞ、リラックスしてお楽しみくださいね。

斎藤一人　上《じょう》気《き》元《げん》

もくじ

第1章 私が地球人から地球に住んでる宇宙人になった理由

第2章

辛抱が苦手な私が続けている

上気元になっちゃう魔法の習慣

第3章 人間関係で悩んでるとき「あっ、かるく」なる知恵

第4章

「喜び」の中で生きる

特別掲載

地球に住んでる宇宙人による
〈わくわくトークセッション〉

もっと魅力的になって もっとワクワクしよう

納税日本一・
斎藤一人氏
×
ナビゲーター
柴村恵美子

装幀　根本佐知子(梔図案室)
編集協力　道井さゆり

第1章

私が地球人から地球に住んでる宇宙人になった理由

まさか、この地球に！
それも、日本に、私が今いるここに、
宇宙人がいるなんて！

そんなこと、想像したことがありませんでした。
私、柴村恵美子の目の前に、その人が現れるまでは。

1

見た目も、話す言葉も、考え方も、突き抜けて「あっ、かるい」人が魅力的

私は十八のときに、ふるさとの北海道・清水谷村を離れ、上京。
指圧の専門学校に入学しました。
クラスの中で、一人だけ、やけに目立っている人がいたんです。
〝その人〟は、私より少し年上で、めちゃくちゃイケメン。
〝その人〟の周りにはいつも笑顔の人たちがいました。

私は最初〝その人〟のことを、ちょっとだけ警戒《けいかい》していたんです。
というのは村を出るとき、うちの母に言われたんですね。
「東京は、カッコいい男の人がいっぱいいるんだよ。
ぽーっとしていると、何のために学校に通ってるんだか、わかんなくなっちゃう。

そうならないよう、しっかり気合いを入れて勉強するんだよ」って。

〝その人〟はイケメンだし、しかも、教室ではじめて会ったときに、

「あなたとは、長いつきあいになりそうですね」

って、言われたんです。

ふつうは、初対面の人に、そんなことは言わないでしょう。

でも、この後すぐ、〝その人〟は、すごい人だということがわかりました。
知れば知るほど、ふつうの人ではないのです。
なんと言ったら、いいんでしょう。
見た目も、話す言葉も、考え方も、
突き抜けて、明るくて軽い、つまり、「あっ、かるい」んです。
とってもステキで、めちゃくちゃ不思議な人なんです！

「電車に乗ってる人たちが疲れた顔してる」って、言ってるけれど、実はモテすぎて疲れてるの

クラスの仲間たちと〝その人〟とで雑談をしていたときのことです。

「電車に乗ってる人たちが疲れた顔をしていると思わない？」

誰かが、そんなことを言いだしました。

仲間たちは「そうだよね、疲れた顔してるよね」って。

「現代人はみんな疲れているんだよ」

みんながそう言っている中で、〝その人〟だけは違っていました。

「オレの目には、そうは見えないよ」

と、みんなと違う意見を言うのです。

それは、こんな衝撃的な意見でした。


電車に乗っている人は疲れてるんじゃないの。

モテすぎて疲れてるんだよ。
「何言ってるの、ほら、暗いムードを出しているじゃない」
って、みんなは思うかもわかんないけど、
暗いムードじゃなくて、渋いムードを出してるの（笑）。
これだけ渋いムードを醸《かも》し出していたら、女性にモテるよな。
そうやって、「モテる」という目で、周りの人たちを見てごらん。
自分は疲れた人がたくさんいる電車に乗っているんじゃなく、
モテすぎてる人がたくさんいる電車に乗ってることになるんだよ。

〝その人〟はジョークを言ってるんだと、
みんなは思って、大笑いしていました。
もちろん、私もそうだったんですが――。

「思い方」一つで世界が変わる

その数日後。
私が一人で電車に乗っていたときのことです。
向かい側の席で、眉間《みけん》にしわを寄せながら日経新聞を読んでいる男性を見て、
私は、ふと、思い出してしまいました。

「これだけ渋いムードを醸し出していたら、女性にモテるよな」って。

私は楽しくなって、つい笑っちゃいました。
そして今度は、私の目の前で、
つり革につかまりながらコックリ、コックリしてる、
若い男性のほうに視線を移します。
この人のことも「モテすぎるんだ、この人も」という目で見てみました。
それだけじゃなく、あっちの人のことも、
こっちの人のことも、「モテすぎる人なんだ」という目で見ていたら、

こんなにも、モテすぎる人がたくさん乗ってる電車に、私、乗ってるんだ！
そう思った瞬間、不思議です。
いつも乗っている電車がステキな電車に変わっちゃったんです。

私は電車の中で体験した、あの不思議な感覚を〝その人〟に打ち明けました。
すると〝その人〟は、うれしそうな顔をしてこう言いました。

面白いだろ?
この世の中はかくも面白いんだよ。
人って、思い方一つで、世界が変わっちゃうんだ。
それでね、オレは、自分の目の前に出てくる人のことを、
「ステキな人だ」と思ってるの。
だからオレはいつも、どこにいても、ステキな人に囲まれているんだよ。
ステキな人に囲まれているから、ステキな人生なんだよね。

その頃の私には〝その人〟が何を言っているのかよくわかりませんでした。
その日から私は〝その人〟のことを、密《ひそ》かにこう呼ぶようになりました。
「地球に住んでる宇宙人」（略して〝宇宙人〟と呼びますね）。

宇宙人が考えた、スカッとしない時代劇

宇宙人は、真面目に学校に通っていない生徒でした。
たまに学校にきたとしても、授業中、教室の窓の外を眺《なが》めながら、
一人、楽しそうに笑ってるんです。
何がそんなに楽しいんだろうと私は不思議に思って、
ある日、宇宙人にたずねたところ、
授業中に、頭の中で面白い物語を創作して遊んでいる、とのことでした。

「『スカッとしない時代劇』という物語を考えたんだ」

宇宙人がそのように言うので、話してもらったんです。


姉と弟が、茶屋で〝別れのさかずき〟をかわしているのね。

そこへ、悪者が出てきて、お姉さんを無理やり連れて行こうとしたの。

弟は「やめてください」って、止めに入ろうとするんだけど、
バンバンって悪人に殴《なぐ》られちゃった。

運よく、弟に剣の道を教えているお師匠さんが助けにきてくれたの。

ところが、そのお師匠さんが悪者にあっさり、やられちゃうわけ（笑）。

通りすがりの人たちも助けようとしてくれたけど、次々やられて、全員がやられちゃった。

そしたら、弟がいきなり、

「もう、ガマンならない！」って、
突然、刀を抜いて、バンバンバン。悪者をやっつけて、弟は言う。

「安心いたせ、峰討《みねう》ちじゃ」

周りにいたギャラリーは「最初から、それ、やりなよ」って（笑）。

宇宙人の話を聞いていて、私も思いました。

なるほど、確かに、これはスカッとしない時代劇だ、と（笑）。

そして、大笑いしちゃいました。

2

宇宙人が私に教えてくれたこと「困ったことは起こらない」

私は子どもの頃から地域の少年団のリーダーを任されたり、

生徒会の役員をしてきました。

そのせいか、クラスの中で、もめごとが起きると、私は黙って見すごすことができません。

クラスのみんなの〝困りごと〟をどんどん引き受けちゃって、

「困った、困った」

と、当時の私はよく言っていました。

するとあるとき、宇宙人は笑って私にこう言ったんです。


困ったことは起こらないよ、恵美ちゃん。


私がこんなに困ってるのに、なぜ、そんなことを言うんだろう、って、私はちょっとだけカチンときて、宇宙人に言ったのです。

困ったことは起こらない、って、どういうことですか、って。

すると、宇宙人は教えてくれたんです。

「自分に起きる問題は〝気づき〟なんだよ」って。

〝気づき〟って何だろうと思って、質問したら、
宇宙人は〝気づき〟の例題として、ある男性のエピソードを話してくれました。

その男性は、昔、キャバクラに遊びに行っては、いばっていたそうです。
ただ、本人としては、最初は自分がいばってるとは思っていませんでした。
自分はお店の女の子たちに好かれてると思っていたんですって。
ある夜、男性は、いつものように馴染《なじ》みのキャバクラで遊び、
そして、帰る時間になりました。
男性は、いつものように見送りの女の子たちに「じゃあ、また」と言って歩きだし、
その直後、なぜか、その日に限って、ふりかえったのだそうです。
すると、女の子たちが自分に向かって〝あっかんべえ〟をしてた。

この話の後、宇宙人は私にこんなことを教えてくれました。

この出来事を機に、男性は自分を改良し、愛される人生を始めたんだよ。
〝あっかんべえ〟されてよかったんだよな、その男の人にとっては。

わかるかい？

一見、嫌なことが起きた、ような気になるかもしれないけど、
後でわかるんだよね。

「あれがあったから、今の自分がいる」って。
もっと言うと、ふりかえらせてくれたんだよね、神さまが。

信じてください、って言ってるんじゃないよ。
ただ、オレは信じてるよ、っていうだけの話なんだよね。

それでね、神さまっていうのは、
その人間を豊かで幸せにしようと思ったら、
どんなことをしてでも、何がなんでも、
豊かで幸せなほうへと導いてくれるんだよ。
そうやって信じてる人間には、困ったことは起こらないんだよ。

3

嫌なことをされたら機嫌よくケンカする!?

たとえば、自分は何も悪いことをしていないのに、
誰かに足をグイグイ踏まれている、とします。
そのとき、精神世界や自己啓発の本を読んだりして、
勉強している人の多くは、足を踏まれて痛いのに、
相手に何も言わず、ガマンして、
「困ったことは起きてない」「私は困っていない」と、自分自身に言い聞かせる。
そして、事態は何も変わらない、というパターンをよく見かけます。
宇宙人はそうではないのですね。
問題が起きて、にっちもさっちもいかない。
みんなが、土俵際《どひょうぎわ》まで追い込まれたような心境のときに、

宇宙人は「困ったことは起こらない」と言いながら、
サラッと大逆転させてしまいます。
みんなにとって〝より望ましい結果〟を呼び込んでしまうのです。

たとえば、こんなことがありました。
あるとき、クラスメイトの一人が元気がないなって、私は気づいたんです。
どうしたんだろう？　と思って、よくよく見ていたら、
同じクラスの、ある人に嫌なことを言われていることがわかったんです。
「どうして、あなた、黙ってるの？」って、本人に聞いたところ、
その子は「波風を立てちゃいけない」と思って黙っていることに決めたそうです。
私はこの問題を宇宙人に相談しました。
そのとき宇宙人が言った言葉に私はビックリしてしまいました。

「オレだったら、機嫌よくケンカするよ」

って、宇宙人は言ったんです。

もし、あなたが宇宙人だとしたら、どうするか

そのとき、宇宙人は私にこんなことを言いました。

機嫌よくケンカするっていうのはね、

嫌なことをしたり、言ってきた相手に、

「やめてください」って、機嫌よく言う、ということなの。

同じことを言っても、機嫌よくやるか、そうじゃないかで、

なぜか、結果が違っちゃうんだよ。

機嫌よく言ったほうが一〇〇倍効くんだよ。

私は、親や学校の先生から、

「みんなと仲よくしていかないといけないよ」

と、言われて育ってきましたので、
最初は、宇宙人の話を聞いて、違和感を抱いていました。

そんな私に、宇宙人はこんなことを教えてくれました。

機嫌よくケンカするって、いけないことじゃないよ。
それより、つい、カッとなってケンカしちゃうのがいけないんだよね。
「つい、カッとなって」っていうのは、自分を見失っちゃってることなの。
自分自身をコントロールできなくなっているんだよな。
これでは〝よくないほう〟へ行っちゃうんだよ。
だから、「つい、カッとなる」前に、機嫌よくケンカするんだよ。
嫌なことを言われているのに、じっとしてガマンするんじゃなくて、
冷静な判断ができるうちに、

たとえば、机をバン！　って叩いて、ニコニコ笑いながら、

「さっきのセリフ、もういっぺん、言ってもらえませんか？」

と言うとか（笑）。

もちろん、今のは、一つの参考意見なんだよ。

その人は、その人なりのやり方で、機嫌よくケンカすればいいんだよ。

さらに、機嫌よくケンカする、ということは、
実は、みんなにとって〝いい〟解決法の一つだ、
ということを、宇宙人は教えてくれました。
なぜ、みんなにとって〝いいこと〟なのかというと、
その子がガマンして、相手に何も言わないでいたら、
相手はこの先もずっと、他人《ひと》に嫌われるようなことをやり続けるからです。

だから、機嫌よくニコニコ笑って、

「いいかげんにしないと、私、本気、出しますよ」
とかって言うの。
そんなこと言ったら、波風が立っちゃうじゃないですか、って、
そういうときは、波風を立てなきゃいけないんだよ。
波風が立って、嫌なことをする人間が反省しなきゃいけない。
何より、いちばんの問題は、
今まで通りのやり方ではダメだ、
ということがわかりきっているのに、変えないことだよ。
だから、うまくいかないんだよ。
それより、他のやり方を試してごらん。
ニコニコ笑いながら言えばいいの。
「このヤロ〜、怒っちゃうぞ」とかって（笑）。

私は宇宙人から聞いたこの話を、

波風を立てまいとガマンしている子に伝えました。

すると、その子は機嫌よく、

「やめないと、怒っちゃうぞ」

って言ってみたんです。

そしたら、その子は、二度と、嫌なことを言われなくなったんです。

4

◇◇◇◇◇◇◇◇◇

「何が正しいか」より、「気持ちが軽くなるか」

◇◇◇◇◇◇◇◇◇

私は宇宙人の考えを聞いて、リンカーンのことを思い出しました。

アメリカの大統領で「奴隷解放の父」と呼ばれた、あのリンカーンのことです。

リンカーンが大統領だった当時、アメリカは南部と北部に分かれて戦争をしていました。

そのとき、リンカーンの指示に従わず、軍隊に大きな損失を与えた将軍がいたんです。

リンカーンはその将軍に腹を立て、怒りをぶつけた手紙を書きました。

でも、リンカーンはその手紙を出さなかったそうです。

怒りながら言ってもうまくいかないことを、リンカーンは知っていたのでしょう。

そのことについて宇宙人は、どんな考えを持っているのか、私は知りたくて聞いてみました。

そのとき、宇宙人と私との間で、こんなやりとりがありました。

宇宙人　オレの基本的な考えは、その人が幸せなことが第一なんだよね。

あなたの人生の主役はあなた、なのであって、

教えは、あなたが幸せになるための道具なんだ、っていう考えなんだよね。

だから、リンカーンを見習って、手紙に誰かに対する不満をぶつけて投函《とうかん》しない。

それで本当にうまくいってるなら、いいと思うよ。

私　じゃあ、相手に言いたいことを手紙に書いても、
それを引き出しにしまい込むたびに、
自分の気持ちが重くなっちゃうんだとしたら、やめたほうがいいですか？

宇宙人　あなたがそう思ったんだとしたら、やってごらん。
自分が「これだ！」と思ったことをやってみる、それが「神の道」なんだ。
ちなみにオレの場合は、手紙に書くこともしない（笑）。
オレは機嫌よく注意する、性質《たち》なんだよ。
もし、オレが手紙を書くとしたら、引き出しにしまい込むんじゃなくて、
その手紙を出すよね。

私　相手がその手紙を読むとなると、不平不満は書けないね。

宇宙人　だから、相手に「もっと、こうして欲しい」とか、
自分の思いを機嫌よく、「あっ、かるく」書こうと心がければいいだけなんだよ。
どんなセリフを書けばトラブルが起きずに済むか、っていう、
テクニックの問題ではないんだよ。
相手の気持ちを重くしないように「あっ、かるく」言ってみよう、って。
わかるかい？
ここ、ハートの問題なんだよ。
これを、機嫌よく、楽しくやれるかどうか。

楽しく魂的な成長をしようとしている人のことを
〝龍〟は応援したくてたまらない

私　楽しくやったら、どうなるの？

宇宙人　〝龍〟が力をかしてくれるよ。
昔から、「成功する人は〝龍〟が味方をしてる」って言われているの、知らない？

私　成功した人で、

「〝龍〟に守ってもらったおかげです」

と言っている人がいるのは知ってます。


宇宙人　目には見えないけどね〝龍〟っているんだよ。

いたるところに〝龍〟がいっぱい飛んでいるんだよ。

それでね、楽しく自分を高めよう、魂的な成長をしようとしてる人のことを、

〝龍〟は応援したくてたまらないの。

言いづらいことを「あっ、かるく」言おうと心がけることも、魂の成長なんだよ。

だから、それをしようと思ったら〝龍〟が力をかしてくれるんだよ。

昔の私は、常識に従って生きるのが「正しい」と思い込んでいたので、
常識を超えた、宇宙人の話を聞いたとき、
最初は「えっ、それはないでしょう」なんて内心、思うんです。
しばらく経つと、宇宙人が言った通りのことが起きて、
あのとき言ってたことは、本当のことなんだって、わかってくるんですね。

5

宇宙人が教えてくれた「あっ、かるく」生きるコツ

宇宙人はどんな問題が起きても、
「あっ、かるく」笑って解決する、それも、
拾った小石がダイヤモンドに変わるような奇跡を呼び寄せるのです。

そういう場面を、私は何度も目撃しました。
いつしか私は宇宙人のように広い視野で、豊かな発想で、この世の中を、もっと楽しく「あっ、かるく」生きたいと願うようになりました。

そこで、私はあるとき、宇宙人にお願いをしました。
私はあなたのように「あっ、かるく」生きたい。
どうしたら、そうなれるか、教えてください、と。
すると、宇宙人は「上気元で生きること」を教えてくれました。

自分が「いい日だ」って決めるんだよ

宇宙人　「上気元で生きる」って、どういうことですか、っていうとね、何があっても上気元を心がけることなんだ。
たとえば、オレは毎日、幸せなんだよね。

とんでもなく、ついてるんだよ。
そういうオレが、この前、ラーメン屋に行って、味噌ラーメンを頼んだの。メニューの写真を見たら、チャーシューがのっかってて、おいしそうだから頼んだのね。
「はい、お待ち」って、味噌ラーメンが出てきたの。チャーシューが入ってなかったの（笑）。

私　それで、どうしたの？

宇宙人　出てきたものを、機嫌よくいただきましたよ（笑）。

私　お店の人に言わなかったんだ。どうして？

宇宙人　オレが言いたいことは、そういうことじゃないんだよ。

とんでもなく、ついてるオレにも、そういうことが起きるんだよって、言いたいの。そして、その日は、オレにとっては「いい日」なんだ。
「チャーシューが入っていなかった、いい日」なの（笑）。

私　「いい日」だという言葉で、ネガティブな感情を打ち消すの？

宇宙人　いや、そうじゃないの。
たとえば、外を歩いてたら、空を飛んでた鳥がフンをしたとする。
それが自分に当たったんだとしたら、「鳥のフンが当たった、いい日」なの。
自分の浮気がパートナーにバレたとしたら、「浮気がバレた、いい日」なんだ。
要するに、「いい日」かどうかは、自分が決定するんだよ。
いつも上気元なオレは、そういう考えの人なんだよ、って言いたいのね。

私　ふつうは〝いいこと〟がないと「いい日」と言わない。

宇宙人　オレが正しくて、みんなが間違いだって言ってるんじゃないよ。
ただ、いつも上気元なオレは、「いつも、何があってもいい日なんだ」って、
自分で決めてるんだ、という話をしているだけなの。
だから、たとえば、サラリーマンの人だと、
ちゃんと仕事をしていても部長に怒られることもある。
奥さんに怒られることもある。
いろんなことで、うまくいかないこともあるの。
もし、オレにそういうことが起きたって、どんなことがあっても「いい日」なの。
オレの中では、そういう決まりがある。
簡単に言うと、日が沈んで、暗くなったら電気をつけるじゃない？
それといっしょなんだよ。
だから、部長に怒られたとしたら、「部長に怒られた、いい日」なの。

〝いいこと〟は行動してわかる

私　「何があってもいい日」だと決定した場合、どういうことが起きるんですか？

宇宙人　「いい日だ」って自分が決めれば「いい日」なんです（笑）。

私　じゃあ、やった後のお楽しみだね。
わあー、どんな〝いいこと〟が起きるんだろう。ワクワクするなあ。

宇宙人　そうやって、「あっ、かるく」考え、行動することだよね。
どんなときも自分を楽しいほうへ、機嫌がよくなるほうへ持っていくこと。
それが「上気元で生きる」ということなんだ。

私　〝いいこと〟を教わったと思ったら、「なんでだろう」とか考えるより、その〝いいこと〟を実行したほうがいいんだね。

宇宙人　それが自分の答えならばね。
嫌なことを、嫌々やったって、うまくいかないよ。
だけど、ワクワクするんだったら、やってごらん。
それが、あなたの答えだから。
自分がワクワクすることをやれば、さらに幸せになり、
その幸せな心が、もっと幸せなことを呼び寄せるようになってるの。

宇宙人の話を聞きながら、私の中で、一つ解《げ》せなかったのは、
宇宙人はいつも、他人《ひと》を笑わせることばかり話して、
なぜ、この素晴らしい話をしないんだろう、ということでした。

6

これからの「魂の時代」は、立派じゃない「人格者」が現れる！

ある日、私は、宇宙人にたずねました。
どうして、いつも、人を笑わせるようなことばかり言うんですか、って。
宇宙人の答えに私は目が点になってしまったんです。

宇宙人　それはね、オレが人格者だからだよ（笑）。

私　えっ、人格者ですか？

宇宙人　オレの「人格者」の定義は、楽しく生きてる人、上気元を心がけている人が「人格者」なの。

「スカッとしない時代劇」みたいな、くだらないことを考えちゃいけない、って、思わされてる人が多いよね。

オレは、くだらないことでもいいから、楽しく笑えることを考えたほうがいい、と思ってる人なの。

みんなも、そうしろと言ってるんじゃないよ。

オレはくだらないことを考えるのが好きだから、そうしてるんだ、って言ってるの。

だから、オレは今世、カノジョが二十人できるという〝さだめ〟だとすると、努力と忍耐で四十人にするぞ、って考える（笑）。

ふつうは、「四十人もカノジョを作るなんてたいへん」と思うけど、日本には六千万人の女性がいるところ、絞《しぼ》り込んで四十人なの（笑）。

私　六千万人を「四十人に絞り込む」ということは、残りの、五千九百万人ぐらいの人が（笑）。

宇宙人　それもあるけど、六千万人のうち、四十人をカノジョにするんだよな。
ということは、百五十万人に一人なんだよ（笑）。
これだと、グッとハードルが低くなって、気楽になる（笑）。
こういう、くだらないことでも、しゃべってると、オレは楽しいんだよ。
ともかく、あの手、この手、いろんな手を使って自分の機嫌をとるんだよ。

私　そうすると、今、幸せになっちゃうんだね。
そういう人のそばにいると、私も楽しくなる。

宇宙人　そうなんだよ、機嫌のいい人の周りにいる人も明るく楽しくなるんだよ。
みんなが幸せで楽しく生きてると、天が喜ぶの。
だから、自分の機嫌をとって、上気元で生きるって、最高の徳積みなんだよ。
その日によって、機嫌がよかったり、そうじゃなかったりすると、
周りが気をつかわなきゃならないじゃない？

私　ホント、そうだね。
学校の先生でも、いつも機嫌よく授業してくれる人だと、私たち生徒はすごく助かるし、そういう先生が人気があるように思います。
自分の機嫌をとれる人って、素晴らしい人格者なんだな。

宇宙人　だから、たとえばの話、人格者だからエッチな本を買っちゃいけない、じゃないの。人格者はエッチな本を買って読んでも人格者なの（笑）。エッチな本は人格者になるための道具なの（笑）。

私　人格者になるための道具って、いいですね（笑）。

宇宙人　釣りをしてると機嫌がよくなる人もいるよね。

写真をとってると機嫌がよくなる人もいる。

私　機嫌がよくなるものは、人によって様々ですね。
私は、ファッションが好き。おいしいものも食べたい。
だけど、逆に、おいしいものを作って、周りの人に食べさせて、喜んでる人もいる。
みんな違うんだね。

宇宙人　各自、自分のやりたいこと、楽しいことをやればいいの。
それも、一つに限らず、
自分の機嫌がよくなっちゃうようなものを何個か、持ってるといいよね。
と言っても、いきなり、いくつも持とうとしなくていいんだよ。
今、自分の楽しみが一個なんだとしたら、もう一個、楽しいことをプラスする。
そうやって、ちょっとずつ、自分の楽しみを増やしていけばいいの。

7

◇◇◇◇◇◇◇◇◇

自分に都合のよくないことを考えるのは、自分自身にバチを与えていること

◇◇◇◇◇◇◇◇◇

宇宙人　上気元を心がける、ということの中で、いちばん大切なことがあるんだよ。
それはなんの話ですか、というと、
どんなときも、何があっても「自分を可愛がる」という意志なの。

私　「私は、自分を可愛がるんだ」と思う意志を持つの？

宇宙人　そうだよ。なぜかというと、
人の脳は、放っておくと不機嫌になるようなことを思っちゃうの。
それも、自分で自分の難点をつつくんだよ。

私　難点のある自分だからこそ、「自分を可愛がろう」って意志を持つんだね。

宇宙人　その難点自体がクセものなんだよ。
たとえば、英語で会話ができない、とする。
ほとんどの人は「自分はできないんだ」って言うんだよ。
オレだったら、「あっ、オレには必要がないから、いいんだ」って、
自分に都合よく、とらえるんだよ。わかるかい？

私　自分に都合よく「英会話は、自分には必要ないもの」と、とらえると、
できなくても別にどうってことはない。

宇宙人　ということは？

私　ということは……そうか！　難点にならないんだ！

逆に、「自分は英会話ができなくて……」って、とらえると、難点になっちゃうんだね。

宇宙人　人間って、面白いでしょ。

とらえ方で、全然、違っちゃうんだよ。

英語をしゃべれないとか、何ができない、かにができない、いろいろ言うけどね、それは、ただの個性なんだよ。

それなのに、ほとんどの人は、自分の個性を自分にとって都合が悪いようにとらえるの。

私　そうやって、自分で、自分の難点を創り出して、落ち込んだり、自分を責めたりしているんだね。

宇宙人　そうやって自分自身をいじめているんだよ。

私　逆に言うと、自分に都合よく考えるって、自分を可愛がることだね。

宇宙人　そういうこと。

それでね、これはオレのやり方だよ。

オレは自分の難点を利用して、物語を作っちゃうの。

たとえば、オレは子どもだった頃、学校が嫌いだったのね。

なぜかというと、試験が一〇〇点満点、というのが面白くないから（笑）。

そしたら、先生が「なんで、おまえ、学校に来ないんだ」って言うから、

オレは「実力が二〇〇点なのに試験では力が出しきれないからだ」って。

すると、先生が「おまえ、この前のテスト、一〇点だったじゃないか」って。

そこで、オレはこう答える。

「いや、もうあと九〇点、出したかったんだ」って（笑）。

私　「九〇点、出したかったんだ」って、自分に都合がいいジョークね（笑）。

宇宙人　そんな、「自分に都合のいい、言い訳するな」とかって言うけど、オレに言わせると、「自分に都合のよくない考え」が、バチなんだよ（笑）。

私　「自分に都合のよくないこと」を考えるって、自分で自分にバチを与えてるんだ。

宇宙人　そうだよ。
たいていの人はバチって、神さまが与えるもんだと、カン違いしてる。
そうじゃないんだよ。
「自分に都合のよくないこと」を考える、
つまり、不機嫌になるようなことを考えていること、それ自体が、バチなんだ。

私　だから、自分を可愛がらなきゃいけないんだ。

「正しさ」で自分自身を苦しめるのは、
もう、やめた！

宇宙人　だから、たとえば、自分に、もう一人カノジョができたときに、「カノジョなんか作っちゃって、オレってヤツは」なんて思うのと、「オレはカノジョを作って、もう一人、幸せにしてあげるんだ」って思うのとでは違うんだよ。

私　「カノジョを作って、もう一人、幸せにしてあげるんだ」

っていうほうが、自分に都合がいい考えだね。

こっちのほうが「あっ、かるく」ていいな、と私は思う。

あれ？

少し前まで、私、こういう意見には、賛成できなかったはずなのに、おかしいいな、今は、こっちのほうが「あっ、かるく」ていいな、って思ってる（笑）。

宇宙人　もう一人、幸せな人間が増えるっていうことは、立派な社会貢献なんだよ（笑）。

私　そうか、こうやって、どんなときも、何があっても、自分に都合よく考えることが「自分を可愛がる」ということなんだね。それを心がけよう、っていう人が人格者なんだ。

宇宙人　そうやって自分を可愛がる人だからこそ、周りの人に対しても同じように大切にしようと思えるんだよ。

私　そうなんだ、そういう生き方、考え方があるんだ。おかげさまで、視野が広くなりました。これから私は、自分の機嫌をとって、自分を可愛がります！

*

私は、それまで、「自分を犠牲にしてでも、人に尽くさなきゃいけない」とか、「父親がいない家庭だからって、バカにされちゃいけない」とか、「他人《ひと》の機嫌はとり、自分の機嫌はとらないのが当たり前」とか、「真面目じゃなきゃいけない」とか、いろんな固定観念にしばられて生きてきました。
けれど、宇宙人と会って対話していく中で、その〝シバリ〟が解けていき、私は、どんどん「あっ、かるく」なっていきました。

そして、ある日のこと。

「『心が豊かになる会』を結成するよ」
という、宇宙人の気楽な誘いを受け、私は、気前よく気楽に「心が豊かになる会」に参加することになりました。

宇宙人から「自分に都合よく考える」こと、
「自分を可愛がる」ということを、私は学び、
いつでも、何が起きても「上気元で生きる」ことを心がけていました。

そしたら、地球人だった私が、つまり、
地球の次元にある考えが作りだした固定観念にしばられていた私が、
会う人、会う人に「地球に住んでる宇宙人」と言われる人間になっていたんです。
いろんな固定観念から解放されて、
「あっ、かるく」楽しく自分の道を歩けるようになっていたんです。

そうです、発想が自由で豊かで、「あっ、かるく」生きている人が、
「地球に住んでる宇宙人」なのです。

「今、上気元になる」ことを積み重ねていく

私は最初から、事業家になるために上気元で生きようと思ったのではありませんでした。

もちろん、私の中には、お金持ちになりたい気持ちは昔からあったんです。

でも、それと、上気元で生きることは別ものだと、昔の私は思っていました。

私はただ幸せが好きで、宇宙人のように「あっ、かるく」生きたい。

だから、上気元で生きよう、って。

上気元な自分でいるために、今、何をすればいいのかを考えて生きてきました。

そのとき、そのとき、その場、その場で、

「今を、上気元で生きる」ことを追求することに私は一生懸命でした。

本当にただ、それだけだったのです。

それにしても、人生とは、不思議なものです。

私に「上気元で生きる」ことを教えてくれた宇宙人は、

その後、納税日本一の事業家として知られるようになりました。
ちなみに、宇宙人の名前は「斎藤一人さん」と言います。

そして、私も斎藤一人さんの仕事を通じて事業家として成功をおさめ、さらに、斎藤一人さんから学んだ「上気元で生きる」という生き方や、考え方を、伝え歩く講演家、著述家になりました。
そして今、こうして読者のみなさんと出会うことができました。

何を言いたいのかというと、
「上気元で生きよう」と心がけている人には、
その人なりに、想像以上のついてることが起きてきます。
そういうふうに、人生はなっているんです。

じゃあ肝心の、上気元って、どうやってなるのでしょうか――。

第2章

辛抱が苦手な私が続けている上気元になっちゃう魔法の習慣

私は「辛抱する」ことができません。
もちろん、つらいことは、したことがありません（笑）。
だから私は上気元なんです。

私がいつも上気元でいられるのは、
「楽しいこと」がある中で過ごしているからです。

それができるようになったのは、
「楽しいこと」を引き寄せる〝魔法の習慣〟と、
ちっちゃな「楽しい技」を重ねることを続けているからなんです。

1

いつも上気元な人と、そうでない人の違いは〝ちょっとしたこと〟

この世の中は、ある秩序にのっとって動いています。
その秩序のことを「宇宙の摂理」と言ったり、「神のしかけ」と言います。
〝いいこと〟があると機嫌がよくなり、ないと不機嫌になる、
そういう、ふつうの人に〝いいこと〟はめったに起きません。
これも「宇宙の摂理」です。
一方、いつも上気元な人は、幸運の連鎖を呼び寄せます。
これも「宇宙の摂理」です。

たとえば、一人さんは、いつも「あっ、かるく」て、何があっても、

「困ったことは起きない。このことからは〝いいこと〟しか起きない」

そう言って、機嫌よくしています。

すると、現実に、言った通りの展開になるから不思議です。

間がよく〝いいこと〟が、実に絶妙なタイミングで次々と起きてきます。

〝いいこと〟が連鎖して起きるのです。

それはなぜかというと、一人さんが上気元だからです。

「あっ、かるい」気が出ているからです。

「あっ、かるい」気、つまり上気元の〝気〟は、

みなさん、一人ひとりの中にある、真の魂からわきあがる、

「喜び」「ワクワク」のエネルギーで、天に限りなく近い、上《じょう》の〝気〟です。

これが、幸運の連鎖を呼び寄せます。

すごいですよね。

でも、上気元って、難しいことではないんです。
「ふつうの人」と、「いつも上気元な人」との違いは〝ちょっとしたこと〟です。
微差が大差を生むだけなのです。

2

◇◇◇◇◇◇◇◇◇

検索キーワードを何にするか

◇◇◇◇◇◇◇◇◇

朝、目が覚めると、スマホで情報をチェックする、という方が多いと思います。
私の知り合いにもそういう人がいて、あるとき、こんなことを言ったんですね。
「朝、スマホで検索画面を出すと、気持ちが重たくなるような情報ばっかり。
朝いちばんに、そんな情報を見せられちゃうから、なんだかなあ……」って。

私はネット関係はあまり詳しくないのですが、
その人が、ふだんから、どんなサイトをよく見ているのか、とか、
どんな人物、どんな事柄について検索しているのかを、コンピュータが覚えていて、
そのデータをもとに、その人、その人が興味・関心を寄せるであろうサイトが、
検索の画面に表示されるようになっている、という話を聞いたことがあります。

ということは、ですよ、みなさん。
その人は、気持ちが重たくなるような情報をよく見ているのかも……。
だから、気持ちが重たくなるような情報が、その人に表示されるのでしょう。

ちなみに私は、スマホで、そのような情報を目にすることはありません。
現実の世界でも、私が実際に目にすること、耳に聞こえてくることは、
楽しいことや、ワクワクすることがほとんどなのです。
なぜ、そうなのかというと、

簡単に言うと、脳というコンピュータに入れている、
〝検索キーワード〟が、「上気元」とか「楽しい」という言葉だからなのです。

「楽しい」とか「上気元」という言葉を、
自分の脳に入れると、
楽しいこと、自分が上気元になっちゃうようなことが、
自分に起きてくるんです。
自分が思ったことが現実になるのです。

ふつうの人が歩く道は「いばら道」

では、ここで、みなさんに質問です。

❶気持ちが重たくなる情報ばかり見ている人

❷見るもの、聞くもの、ワクワク楽しいことばかりの人

どちらが、不機嫌になりやすいでしょう。

カンタンですね。答えは❶です。

誤解しないでくださいね。

「気持ちが重たくなる情報ばかり見てるから、不機嫌になりやすくなっていいんだ」と言っているのではありませんよ。

❶と❷の違いは〝ちょっとしたこと〟なんだと言いたいのです。

それは、脳に「楽しい」とか、「ワクワク」とか、〝上気元な検索キーワード〟が入っているかどうか。

❶の人は〝上気元な検索キーワード〟を入れればいいのです。

たったこれだけで、微差が大差を生むんです。

脳というのは、何もしないで放っておくと、ひとりでに、不機嫌になるようなことを考える性質を持っています。
不機嫌になるようなことを考える時間が長くなればなるほど、
その考えが現実化しやすくなります。
もちろん、たとえ現実化したとしても、上気元に切り替えることはできます。
ただ、不機嫌のほうを向いてぐるぐる回っている渦《うず》を、
逆方向の、上気元に回すのには、たいへんな労力がいるのです。

私は一人さんに出会って、そんな苦労をやめました。
一人さんが教えてくれたからです。
「もっとラクで楽しく、上気元になれるんだよ」って。

そして私は〝上気元な検索キーワード〟を脳に入れることを始めたのです。
「思考は現実化する」と言われますが、それは本当です。
〝検索キーワード〟を「上気元」にしたら、上気元な出来事が起きるんです。

さらに〝上気元な検索キーワード〟を脳に入れ続けていくうちに、幸運の連鎖を呼び寄せるようになり、楽ラク簡単に「いつも上気元な私」になったんです。

3

◇◇◇◇◇◇◇◇◇

毎朝「楽しい今日」をつくる魔法の習慣

◇◇◇◇◇◇◇◇◇

いつも上気元な私は、朝、自分に「上気元の魔法」をかけています。

この「上気元の魔法」は、朝、かけるのがポイントです。

朝、魔法をかけることによって、その日一日、機嫌よく過ごせます。

幸運の連鎖も呼び寄せることができちゃうんです。

効果絶大ですが、やり方は簡単です。

❶朝いちばんに「楽しい一日になります」と唱《とな》える

私は朝、起きたら、お風呂に入ります。

そのときに、お湯につかってリラックスしたところで、こう唱えます。

「今日も上気元♪　楽しい一日になります」

つまり、自分の脳に〝上気元な検索キーワード〟を入れるんです。

私は朝風呂派なのでお風呂に入りながら、やるのですが、
朝、目が覚めてベッドの上で、

「今日も上気元♪　楽しい一日になります」

と唱えてもいいですし、歯を磨きながらでも大丈夫。

重要なのは、その日がスタートする前に、
自分の脳に〝上気元な検索キーワード〟を入れることなんです。

❷その日、出会うステキな笑顔の人たち、楽しいこんなこと、ワクワクするあんなことをイメージする

次に、私の場合は、その日のスケジュールを思い浮かべます。

その日は、打ち合わせや取材、会議、予定が目白押しだとすると、「今日はワクワクすることがたくさんあります。笑顔がステキな人たちと楽しい時間を過ごします」とか思います。

また、講演会の予定が入っているとしたら、「各地から、ステキな人たちが私に会いにきてくれて、うれしいな。楽しい仲間が、また増えます」とか。

みなさんも「楽しい」とか「ワクワク」とか、「盛り上がる」とか、〝上気元な検索キーワード〟とその日の予定をドッキングさせて、「今日は家を掃除して盛り上がろう」とか（笑）。

「今日は得意先を回って、お客さまのステキな笑顔に会える」

「今日も職場の仲間たちと、楽しく盛り上がる」

「今日はあんなステキなことがある」

「今日もワクワクしちゃうことがいっぱいある」とか、

「楽しい今日一日」を頭の中でつくってみましょう。

そうすると〝そのこと〟が始まる前からルンルン♪　上気元。

しかも、現実に「楽しい今日一日」になっちゃうんです。

ポイントは、一日がスタートする前に唱えること

「上気元の魔法」は、自分の内《なか》から不機嫌が浮かんでくるのを、

「ダメだ、こんなこと考えてたらダメだ」

と打ち消すことではありません。

自分の内《なか》から、不機嫌が浮かび上がってくる前に、

「楽しい今日一日」を想像するんです。

だから、不機嫌が浮かんでくる前の、
朝いちばんに、「上気元の魔法」を自分にかけるんです。
それは「楽しい今日一日行き」の列車に乗るようなものです。
東京駅行きの新幹線に乗れば東京駅に着くのと同じように、
「楽しい今日一日行き」の列車に乗れば、
「あぁ、今日も楽しい一日だった、幸せだなあ」
と機嫌よく眠りにつけるような、幸せで、楽しい一日になるのです。

4

◇◇◇◇◇◇◇◇◇

暗くなりそうなときに〝変換キー〟をポン！と

◇◇◇◇◇◇◇◇◇

人の世はままならぬもの。

起きて欲しくないことも起きてきます。

運がいい人、ついてる人にはそういうことが起きない、のではありません。

運がいい人、ついてる人は、そういうことが起きても上気元です。

そして、どんなときも、どんな状況からでも、幸運の連鎖を呼び寄せることができます。

なぜ、いつも上気元でいられるのかというと、
私の場合、何かあったら、〝変換キー〟をポン！　と押しているんです。
〝変換キー〟をポン！　って、なんですかって？
それは、自分の機嫌がよくなるような技を行使するんです。

この実践を積めば積むほど、切り替えが早くなります。
〝変換キー〟を押そうとしなくても、
ことが起きたら、自動的に、変換しちゃってる自分になっています。

知らない人が見ると、何も問題が起きていないか、ガマンしてると思われちゃうこと
も……（笑）。
でも、実際は、そうではないのですね。
〝変換キー〟をポン！　と押しているんです。

「あっ、かるく」なる言葉で展開が変わる！

いつも、何があっても上気元で生きている人は、
「今すぐ自分の〝気〟があがる技」をいくつも持っています。
私が一人さんから伝授された技の中で、よく使うのが言葉です。
心が暗く重たくなりそうなときに、
「あっ、かるい」ほうへ切り替えてくれる魔法の言葉を唱えます。

❶「大丈夫」

たとえば、時間がなくて急がなきゃいけないときに、車が渋滞に巻き込まれてノロノロ運転になったり、自分の行く手を阻《はば》むものが出てくることがありますよね。

そんなとき、私は「もう！」と思うのですが、次の瞬間、自分自身に「大丈夫」と言って、変換しちゃってます。

❷「気前よく気楽に」

緊張しているときや、
「何がなんでも成功させなきゃ」「がんばらなきゃ」
「自分の実力を一〇〇%出さなきゃ」「私のせいだ」など。
重たい考えをしている自分に気づいたときに言うといいのが、
「気前よく気楽に」です。
「気前よく気楽に」と言っていると肩に入っていた力が抜けて、
「そのとき、そのときの自分が持てる力の、六割の力」で取り組むことができます。

そんなものでいいんですか？
そんなものじゃないと、うまくいかないんです。
「自力六割、他力四割」というバランスで成功する、
というのが「宇宙の摂理」なんです。

❸「想像もつかないぐらい、ついてる」

幸運の女神がほほえむのは、一時、形勢が不利になっても、
「ついてる」と言って自分の機嫌をとる人です。
だから、私は、何か問題が起きたときには、
まず「ついてる」と言って、自分の機嫌をとるのですが、
どう考えても「ついてる」と言えないときは、
「想像もつかないぐらい、ついてる」と言うことにしています。
声に出して言っているうちに、
その問題を、心がつかんじゃっていたのが、ふわぁっと手放せます。

自分にはどうにもできない問題は神さまにお任せして、
私は楽しいことでもしてよう、って。
そうなったとき、なぜか、展開が変わってくるんです。
だから、言葉と人生は不思議で面白いのです。

「笑い」で変換！

笑顔の人は幸せです。
ただし、幸せだから笑っている、とは限りません。
笑うから幸せ、ということも、あるんです。
どういうことかと言いますと、
私は本業をやりながら、全国各地を講演して回っているのですが、
講演会では、最初に「笑いのコーラス」というのをするんですね。
「笑いのコーラス」と言っても、「あーはっはっはっは」って、笑うだけなのですが。

このときは面白いことがあって笑う、というのではありません。
以下のように「形」から入ります。

❶口角をあげる（割りばしを横にして口にくわえるイメージ）
❷声のトーンを「ふだんより少し高め」を意識して、お腹から、「あーはっはっはっは」と声を出す

これを、講演会に来てくださった方たちと、いっしょにやっています。
やっているうちに、心が楽しくなってきて、笑いがこみあげてきます。
また、隣の人が笑っている、その声を聞いて、つられて笑っちゃう。
ホントに楽しくて笑っちゃうから不思議です。
私の講演会だと、気楽に「あーはっはっはっは」と大笑いができるでしょう。
ふだんは「ほほえもう」と心がけるだけでも大丈夫です。

また、笑うフリだけでも大丈夫。
笑うフリでもいいから、笑うと〝幸せホルモン（セロトニン）〟が出てくる、
ということが最近の研究でわかっているそうです。

不機嫌になりそうなことが起きたら、ニコッと、ほほえめば〝変換キー〟をポン！
上気元のできあがりです♪

「声のトーンを高めにして話そう」で変換！

朝、理由もなく、気分が乗らないときってないですか？
通勤電車にゆられながら、「このまま、どっかに行きたいなあ」なんて。
そんなとき、ふだんより高めのトーンで、
「おはようございます！」って、
会う人、会う人に、あいさつしてみてください。

声のトーンを高めにして話そうと心がけると〝気〟もいっしょにあがります。

ちょっとイライラしている自分に気づいたときは、声のトーンを高めに、機嫌よくこう言ってみてください。

私は今日、イライラしてるぞー

バカバカしくなって笑いがこみあげてきます（笑）。

＊

さて、〝気〟をあげたいときの〝変換キー〟をいくつかご紹介しました。

ポイントは無理やり〝気〟をどうにかしようとするよりも、言葉やしぐさ、声のトーンなどを工夫すること。ここがミソですよ。

5

脳に「楽しい」記憶《データ》をためる

上気元に生きている私が大切にしていることの一つが「遊び」です。
自分がやりたいこと、好きなことをするんです。
自分の好きなことをして遊んでいると、今ここで幸せになれちゃいます。

たとえば、旅行に行くとします。
「旅行をするため」に旅行に行くと思っている方が多いのですが、そうではないんです。

旅行に行くと、途中、いろんな景色を見て感動するでしょう。
友だちと地のものを食べたり、おいしい地酒を飲みながら、ふだん話せないことを話す。
すると「この人には、こういう面もあったんだ」って、
楽しい発見があったりします。
それから、旅先で、いろんな人と出会うのも楽しいですよね。

そういう「楽しいな」という思いは、闇《やみ》を消す光なんです。
心を「あっ、かるく」するんです。

「遊び」って、なんでもそうです。
その「遊び」をやってるときだけ、楽しいんじゃない。
「あのとき、あんなことして面白かった、笑ったなあ」
なんて、後で思い出したときに楽しくなって、機嫌がよくなっちゃう。
「また、ああやって遊ぼう」って思うと、
暗くなりそうなときでも、心にぽっと灯《あかり》がともるんです。

だから私は、自分の好きなこと、楽しいことをたくさんします。

いっぱい遊んで、「楽しい」記憶を脳にためるんです。

そして、自分が不機嫌になりそうなときに思い出すよう心がけます。

それを繰り返しているうちに、やがて脳に「楽しい回路」ができて、暗くなると同時に、脳がひとりでに楽しいことを考えるようになってきます。

6

◇◇◇◇◇◇◇◇◇

楽しさが何倍にもアップする「ちょっと足す」意識

◇◇◇◇◇◇◇◇◇

一人さんは本当によく遊びます。

「よく遊ぶ」とは、遊んでいる時間の長さのことではありません。

また、いろんな遊びをしていることが「よく遊ぶ」ということでもありません。

今すでにある楽しさに、別の楽しさを「ちょっと足す」のです。

すると、楽しさが何倍にもなるんです。

「いつものテレビ」に〝ちょっと足す〟

たとえば、最近、映画館で「応援上映」や「絶叫上映」という、新しい鑑賞スタイルを提供するところが出てきました。

それまでは「映画は静かに観るもの」とされていたのが、大きな声を出して、映画の登場人物を応援できるようにしたり、観客が登場人物たちの衣装をマネて、コスプレを楽しめるようにしたのです。

この「楽しさ」を、家でテレビを観るという「楽しさ」にプラスしてみます。

ただ黙って観ていても、それなりに面白いのですが、
ドラマで、ヒーローが悪者の悪だくみを暴《あば》いてやっつける場面で、

「いいぞ、それ行け！」「やれ行け！」と応援すると、もっと面白くなるよって、

一人さんが教えてくれました。
テレビの中にいる人たちといっしょに、ワッショイ、ワッショイ。
歌をうたったり、踊ったり、〝ちょっと足す〟だけで、
ふつうにテレビを観ているより何倍も楽しくなりますよ。

「いつものドライブ」に〝ちょっと足す〟

私は一人さんたちと、よくドライブに出かけます。

ドライブをしていて楽しいのは、ただ車に乗っているからじゃないんです。

たとえば、「四九」から始まる車のナンバーを発見したら大吉！

ということにしているんです。

すると、「四九」ナンバーを見つけるたびに、「やった！」って、うれしくなっちゃいます。

一人さんはドライブ中、面白い話ばかりしているのですが、

時々、いい話をしてくれることがあります。

その瞬間、「四九」ナンバーの車が出てくると、

「神さまが、今の話、そうだ、そうだ、って言ってるよ」

「実証だよ、一人さん」

と、みんなで大盛り上がり、最高に楽しいドライブになるんです。

7

◇◇◇◇◇◇◇◇◇

「今、あるもの」を使って、今、楽しくなる〝ちっちゃな技〟

一人さんと映画やお芝居の話をしていて、

「はっ！」としたことがあります。

それは、一人さんならではの映画の楽しみ方を聞いたときでした。

◇◇◇◇◇◇◇◇◇

一人さんは映画を観ながら、頭の中で、別のストーリーを作っちゃうんだそうです。
元のストーリーでは悪役の人を、〝いい人〟に、
〝いい人〟を悪役に入れ替えて、楽しいストーリーにする。
どんな悲劇でも、「あっ、かるい」ストーリーを作る。
そういうふうに、一人さんはマイ・ルールを決めています。
一人さん曰く「これだと、どんな映画を観ても、外れがない」のだそうです。

「楽しい」とは、「楽しくしよう」という覚悟

一人さんは、こう言います。
「映画を観るときは、オレみたいな観方をしなさいと言ってるんじゃないよ。
オレは、飽き性だから、ふつうに観てると退屈しちゃうの。
だから、映画を観たら、もう一個、楽しいストーリーを作る、という、
自分のルールを勝手に作って遊んでるだけなんだよ。

オレは、それが楽しいと思っちゃう人なんだ」

一人さんが言っているように、
一人さんと同じじゃなくていいのです。
自分から積極的に「この人生を楽しくするんだ」と思ったときに、
毎日が楽しくなってくる、
ということを、私は伝えたいのです。

また、与えられたものを、どうやって楽しもうか、といったときに、
自分なりに何かルールを作っておくと、より楽しくなります。
ちなみに、私は「一日三分間いいこと見つけ」というルールを作りました。

私のルール
「一日三分間いいこと見つけ」

自分の周りにあるすべてのもの、人（自分自身も含む）を、以下❶〜❸の順序でほめまくります（一日一回）。

❶国ほめ

自分の国、住んでいる都道府県、町

自分の家や職場

自分の周辺にあるいいところ、好きな場所を一分間ほめまくります。

❷物ほめ

物には、それを作った人、たずさわった人の、

「幸せになって欲しい」

という真心が入っています。

自分が使っている物や、周りにある物にも真心が入っています。

そういう目で、身の回りの物を見て、一分間ほめまくります。

❸命ほめ

食べ物、生き物、自分を含めた人、すべての命を
一分間ほめまくります。

「国ほめ」を行うと、自分がいる場所から不機嫌の〝気〟が抜けます。
代わって、上の〝気〟の「あっ、かるい」気が入り、
その場は、神道で言う「イヤシロチ」、
簡単に言うと、パワースポットになります。
「物ほめ」を行うと、自然と感謝がわきあがり、

さらに物から真心（上の〝気〟）のエネルギーがもらえます。

「命ほめ」を行うと、体中に上の〝気〟がたくさんたまり、心身ともにリフレッシュ、元気になります。

8

不機嫌な〝気〟を一掃する〝とっておきの技〟

〝変換キー〟をポン！　と押しても、どうもスッキリしない。

そんなときの〝私のとっておき〟をご紹介しましょう。

それは、一人さん直伝、八大龍王《はちだいりゅうおう》さまの「楽しい九字切り」（巻末227ページ参照）です。


私は友人や知人から「私に九字切りをしてください」と頼まれて、

毎日、「楽しい九字切り」をさせていただいているのですが、九字を切ってもらった方はもちろん、九字を切った人自身も、気分が「あっ、かるく」なって、テンションが上がり楽しくなってきます。

不機嫌な〝気〟をはらい、「あっ、かるい」気を補充する

みなさんは、こんな経験がありませんか?

誰かと誰かがケンカしたとき、

職場で誰かが部長に怒鳴られているときとか、

しばらくの間、その場に「重苦しい空気」が漂《ただよ》っているのを感じたこと。

不機嫌な人から出る不機嫌の〝気〟は重く、その場に残るのです。

目には見えないのですが、そういう不機嫌の〝気〟は、日常の、いたるところに存在します。

この不機嫌な〝気〟とは性質が真逆の「あっ、かるい」気、
つまり、上気元の〝気〟が満タンにたまっている人は影響されないのですが、
そうでない場合、不機嫌が増長されて、
なぜだかわからないけど、やけにむしゃくしゃするとか、
そういうことが起きることがあります。
また、この、不機嫌の〝気〟が長く残ると、幸せの邪魔をする〝邪気〟になります。

この〝邪気〟をはらうために、
その昔、忍者は「九字切り」ということをしていました。
真言密教などでは現在も、「九字切り」は受け継がれています。

この「九字切り」を、老若男女を問わず、希望する人すべてが楽しめるのが、
一人さん直伝、八大龍王さまの「楽しい九字切り」です。

全国の一人さんファンの話によると、
朝いちばんに「楽しい九字切り」をして出かけると、
「あっ、かるい」気のバリアに包まれ、安心して過ごせるそうです。
また、〝うれしいこと〟がタイミングよく起きるので、
「なんて、間がいいんだろう」ってワクワクしてきます。
幸運が幸運を呼び寄せる〝いい流れ〟になってくるのです。

9

◇◇◇◇◇◇◇◇◇◇

重くなる前にパッと手放す

◇◇◇◇◇◇◇◇◇◇

上気元で生きる私が、ふだん気をつけていることがあります。
それは**「深く考えない」「深刻に考えない」**ということです。

たとえば、うまくいかないことが起きたときに、
「どうしてこうなっちゃうんだろう」とか、
「あのとき、自分はこうすべきだったのに」とか自分を責めたり、
それから、「あの人が、こうだから」と他人を責めて、「自分は正しい」と思う。
そういうふうに考えていると、心はスカッと晴れません。
暗くて重くて、モヤモヤ、嫌な感じがします。
だから、私は、なるべく深く考えないようにしています。

けれど、重たい考えを無理やり、どうにかする、ことはしません。
無理やりどうにかしようとすると、さらに重くなるからです。
ですから、私は考えをどうにかするよりも、今、自分が楽しくなることをします。
「楽しい九字切り」をしたり、お笑い番組を観たり、
カラオケをしたり、自分が好きなことをします。

それから、お風呂に入ったり、マッサージをしたり、
今、自分が心地よくいられるようなことをします。

楽しいことをしているとき、心地よいとき、人は「あっ、かるい」光を発します。
それに対して、重たい考えは闇です。
どんな闇も、光には勝てません。
また、「あっ、かるい」と、宇宙の叡智《えいち》が、
〝成功のひらめき〟がおりてきます。

だから、深く考えるよりも、「あっ、かるく」行動すること。
これが、いつも上気元な人の、いちばんの特徴なんです。

第3章

人間関係で悩んでるとき「あっ、かるく」なる知恵

人は、自分を変えることはできますが、
他人《ひと》を変えることはできません。

でも、どうにもできない〝その人〟のことで、
不機嫌になる必要はありません。

なぜなら、相手が変わらなくても、
自分の心が「あっ、かるく」なる知恵があるから。

1

過《あやま》ちが去らない心を「あっ、かるく」するコツ

人は完ぺきではありません。

だから、時々、過ちをおかします。

自分も過ちをおかすし、他人《ひと》も過ちをおかします。


その過ちを、心がつかんで、いつまでたっても離せない。

いつまでも「あの人に、ああしてあげればよかった」と悔《く》やんだり、相手のことを「ゆるせない」と思い続けたところで、過ぎたことは、もう、どうにもできない。

と、頭ではわかっているけれど、心が……。

そんなときでも、「あっ、かるく」生きる方法があります。
太陽のように生きればいいんです。

「太陽として生きる」とは

太陽はただひたすら自分自身を燃やし、地上に熱と光を降りそそいでいます。
でも太陽は、そんなことで、恩を着せることはしないんです。
代金をとることもしないんです。
それなのに、太陽は、みんなのことをあまねく照らしています。
あの人はお金持ちだから、とかって、差別をしない。
あの人は好きだけど、あの人は嫌いだ、とかって、えこひいきもしない。

私たち人間も、太陽と同じように生きればいいんです。
自分の機嫌をとって、人生を楽しんで、

今、自分の目の前にいる人に、笑顔で、「愛」のある言葉をかけるんです。
それを見返りを期待せずにやるのです。
すると、自分の心がどんどん「あっ、かるく」なります。
心がつかんで離さなかった、あの人の過ちを、
「ああいうこともあったな」という目で眺められるようになるのです。

2

◇◇◇◇◇◇◇◇◇

「愛」をもらおうとするより、今、目の前にいる人に「愛」を

◇◇◇◇◇◇◇◇◇

太陽のように生きる。
奉仕の心で、周りにいる人たちの心を「あっ、かるく」する。
それを私に教えてくれたのが、一人さんでした。
目の前の人に、惜しみなく「愛」を与える一人さんの楽しそうな姿を見て、

私は、目の前の人から何かを得ようとするよりも、
与えられる人間になりたいと思い、実践しました。
会う人、会う人の心に、愛のキャンドルサービスをしていったんです。
そしたら、ステキなサプライズがありました。

与えた人たちから、私は「愛」をいただいたんです。

「愛」を与えるって、そんなに難しいことではありません。
会う人、会う人に、笑顔と「愛」のある言葉で接すれば、それでいいのです。

「愛」のある言葉、おススメの3つ

どんな「愛」のある言葉をかけるかは、
目の前に現れる人によって様々、いろいろありますが、

参考までに、私がふだんから実践している、以下の3つをご紹介しますね。

❶「感じいいね」「笑顔がいいね」

初対面の人や、ほめるところが見つからない人にも、「愛」のある言葉をかけてあげたいな、と思ったとき、私はこう言います。

「あなた、感じのいい人ですね」って。

すると、相手は「えっ！」と驚いて、心のガードがゆるみます。

そしたら、すかさず、こう言います。

「笑顔がいいですね」

相手が笑っていようが、いなかろうが、かまいません。

先に言うんです。「笑顔がいいですね」って。

すると、言われたほうは、本当にステキないい笑顔を見せてくれるんです。

❷「そうだよね、わかるよ」

相手の話を、笑顔で聞きながら、
「うん、うん」
と、うなずき、こう言います。
「そうだよね、わかるよ」
話の内容がわからなくてもかまいません。
「そうだよね、わかるよ」と言います。
人は、自分を認めて欲しいのです。
自分という存在を受け入れて欲しいのです。
だから、「そうだよね、わかるよ」って言うのです。
たまには自分自身にも「そうだよね、わかるよ」って言ってあげましょう。
肩の荷が、ちょっと軽くなりますよ。

❸「よかったね」

自分の周りにいる人に、何か〝いいこと〟があったら、「よかったね」と言います。
すると、自分に〝いいこと〟が起きてきます。
相手に〝いいこと〟が起きたとき、いっしょに喜べないこともありますよね。
「なんで、自分じゃなくて、あの人なんだよ」って。
そんなときこそ、「よかったね」なんです。
「魂の成長」という観点から言うと、
言いやすい相手に「よかった」と言うのは、成長したことになりません。
成長は、言いづらい相手に「よかったね」と言えること。
その成長に対して、神さまは想像以上のごほうびをくださいますよ。
楽しみですね、ワクワクしましょう。

3

誰かが誰かに嫌なことをしている場面を見たとき

「近所を歩いていたら、誰かが誰かを怒鳴りつけている場面に遭遇してしまった」

「テレビをつけたら、たまたまニュースで暴行事件や嫌な事件を報じていた」

そういう嫌なものを見たときは、心がザワザワしますね。

そんなとき、私は以下に紹介する、❶❷の2段階で心を「あっ、かるく」します。

❶「これは〝神はからい〟だ」

誰かを怒鳴ったり、傷つけるようなことを言ったり、意地悪をしたり、
そういう「愛」のないことをしている場面に出くわして、
「あの人は、なんて人なんだろう」と思ったり、心がザワザワしたときは、
まず「神はからいだ」と心の中で唱えます。

すると、この言霊《ことだま》の魔法により、魂が目覚めてきます。
自分の魂が成長するためのに、神さまのおはからいで起きたことだ、ありがたい、と考えるようになっていきます。
立場が変わると、自分も「愛」のないことをしかねない、
そういうものが、自分の中にあるから、
神さまが、その嫌な場面を見せてくれたのです。
それを見ることによって、自分は「愛」のないことはやらないぞ、と思う。
そんなふうに魂が成長するきっかけを、神さまが与えてくれたんだな、って気づきます。

❷「ありがとうございます」

魂的に言うと、自分の魂が成長することは、最高の喜びです。
この、最高の喜びを得るきっかけを与えてくれたことに感謝して、
「ありがとうございます」と、心の中で唱えます。

人のふり見てわがふり直せ、じゃないけど、
ああいう人間がいる、ということを見せてもらって、ついてる！
だから、「ありがとうございます」なんです。
一人さん曰く、「感謝の心にうらみなし」。
感謝する心に、不機嫌な「思い」は同居できません。
魂は浄化されるのです。

4

◇◇◇◇◇◇◇◇◇

基本的に、犠牲的精神はいりません

人づき合いに関して、私が心がけていることは、
細かいことを「こうして」「ああして」ということではないんです。
自分で自分の機嫌をとって、上気元で生きればいいんだと思っているんです。

◇◇◇◇◇◇◇◇◇

なぜかというと、自分の機嫌をとっているうちに、
「感じがいい人ですね」って言われるようになるんです。
自分の中に、上の〝気〟がたまってくると、自分がパワースポットになるんです。
「いる」だけで、周りに漂う不機嫌の〝気〟を浄化し、
人を癒《いや》す存在になるので、周りから愛されます。

ただ、人と人の間で生きながら、自分の機嫌をとっていくときに、
忘れないで欲しいことがあるんです。
それは、「犠牲的精神はいらない」ということです。

あなたは神さまの名代《みょうだい》です

人はみな、神さまの名代なのです。
私はそう思っています。

この世に存在するものはすべて「膨大なる愛と光」から生まれました。
それを「宇宙」と呼ぶ人もいれば、「神」と呼ぶ人もいます。
呼び名は違っていても、
私たちは、一つの「膨大なる愛と光」から生まれたのです。
だから、私も、みなさんも、神さまの名代です。

「こんなワクワクすること、したい」

「あんな楽しいことをしたい」

「膨大なる愛と光」は無尽蔵に夢を描きます。

「こんな、楽しいことしたいな」と、

「膨大なる愛と光」が思った瞬間、
その思いが、あなたの命「分け御霊《みたま》」になりました。


だから、みなさん、自分の人生を楽しんでください。

なぜなら、それが、神さまの願いだからです。
「楽しいことしたいな」という神さまの思いが、
あなたを生かすエネルギーなのです。

「私はいいから、あなたが先に幸せになって」は「愛」の出し惜しみ

自分にとって大切な人に、こんなことを言われたとします。
「私のことはいいから、あなたが先に幸せになって」
大切な人が不幸で自分だけが幸せ、
ということが成立するんでしょうか？
私はこう思うのです。
大切な人も、自分も、幸せになったほうがいいんだ、って。
そして、魂の成長的に言うと、

「私のことはいいから」という言葉は「愛」を出し切ってない。
相手に対しても、自分自身にも「愛」の出し惜しみをしています。

「愛」の出し惜しみをしていると、自分の中に不機嫌の〝気〟がたまってきます。
会う人、会う人が、あなたが発する不機嫌の〝気〟に当たります。
まさに気の毒な話です。

わかりますか？
誰かの犠牲の上に成り立つ幸せはないと、知って欲しいのです。

もし本当に誰かを幸せにしたいのならば、まず自分が幸せになることです。
私は、一人さんにそう教わって、自分の幸せを追求してきました。
その結果、上気元で生きようとしている、みなさんの、
お手伝いができるようになったんです。

5

◇◇◇◇◇◇◇◇◇

自分が嫌なことをされたとき

◇◇◇◇◇◇◇◇◇

「類は友を呼ぶ」と言いますが、上気元で生きていると、会う人、会う人が、上気元で生きるようになり、自分の周りは上気元な人でいっぱいになります。

それでも「神はからい」で、想像もつかないことをする人が出てきます。

そんなとき、私は心の中で、こう言って変換します。

「伸びしろが広い人だなあ」

誹謗中傷《ひぼうちゅうしょう》する人に「伸びしろが広い人だなあ」

この世の中には〝いい人〟がたくさんいます。

むしろ、〝いい人〟が圧倒的大多数です。
ただ、「神はからい」で、誹謗中傷する人が出てくるときもあります。
それがわかっていても、一瞬、グラッときますよね。
私にも経験があります。
私も一瞬、グラつくんだけれど、でも、
また〝気〟をあげようと心がけているんです。

先日も、そういうことがありました。

そのとき〝ひらめき〟が訪れました。

「伸びしろが広い人ですね」

以前、一人さんから教わった、この魔法の言葉がきたのです。

「伸びしろが広い人だ、という言葉を言ったとき、
自分の心の畑に〝豊かさの種〟を蒔《ま》いたのと同じなんだよ。

「自分が心の畑に蒔いた〝豊かさの種〟はやがて実って、自分が収穫するように、人生はなっているんだよ」

一人さんにそうやって教わったとき、私は正直ピンとこなかったんです（ごめんなさい、一人さん〈笑〉）。

ところが「神はからい」で、誹謗中傷する人が現れたとき、私に「伸びしろが広い人ですね」という言葉がおりてきたんです。そして、おりた瞬間、私は「コレだ！」と直感しました。

そして、心の中で「伸びしろが広い人ですね」と唱えたのです。そしたら、相手の伸びしろ（魂の成長）がこちらにきて、なんとも言えない、安らいだ気持ちになりました。

相手が誹謗中傷しようが、何をしようが、お好きにどうぞ。私は自分が信じた道を進むだけですから、って。

相手のことをゆるせたんです。

「伸びしろ」とは「魂の成長」、それは「ゆるし」

〝ゆるし〟とは、
「ゆるせない相手をゆるすことだ」と思う人が大半だと思います。
だから、なかなか、ゆるせないのですよね。
ところが、私が言う〝ゆるし〟は、そうではないのです。
相手をゆるすと、自分がゆるされるんです。

ゆるせない相手とは、前世からの因縁があって、今世、出会っているんです。
ゆるせない相手を、ゆるすために、今世、出会うんです。
〝ゆるし〟とは「愛」です。
そして、「愛」は太陽のように明るい光です。

それに対して、因果というのは闇なんです。
相手をゆるすと、「愛」の光で闇は消え、悪い因縁は切れる。
つまり、自分がゆるされるのです。

だから、〝ゆるし〟とは、相手をゆるすこと、ではないのです。
悪因が切れるのです。
相手をゆるすと、自分がゆるされるんです。
ゆるせばゆるすほど、私は「あっ、かるい」になります。
だから、私は、どんどん、ゆるします。

6

ここで怒らないと人じゃないという〝とき〟もある

嫌な人間をゆるせば、自分がゆるされます。
そのときは、心が「あっ、かるく」なるんです。
「あっ、かるく」なった、ということが、自分がゆるされたサインです。
自分がゆるされたのに、自分がどんどん不機嫌になる、ということはありません。

それなのに、嫌な人間をゆるそうとしている自分が、
不機嫌になっているんだとしたら、自分の何かが間違っているんです。

もしかしたら、
「嫌なことをする、その相手をゆるす」ということが、
今の自分にとって正解ではないのかもしれません。

それをする前に、自分を可愛がることを魂が求めているのかもしれないのです。

「おかしなこと」をする人間に対しては、
自分が「もっと、おかしい人」になって対抗する、
という選択肢があってもいい

人生には、何があっても心に波風を立てず、平常心でいる、
というわけにはいかない場面もあります。
ここで〝いい人〟でいるのは、人じゃない。
ここで怒らないと人じゃない、というときがあるって、私は思うんです。

たとえば、あなたのお子さんなり、親友なり、大切な人が、
誰かに嫌なことをされたり、嫌なことを言われたとします。

暴言を吐かれたり、怒鳴られたり、あなたの大切な人がひどいめにあっている。
あなたは何もしないでいられますか？

ところが、立場が変わって、自分のことになると、おかしなことになっちゃう。
自分に暴力をふるったり、「悪いこと」をする人に対しても、
〝いい人〟でいようとする人がいるんです。

私や一人さんに、そういうことをする人はいませんが、
もし、万が一、そういうことをする人間がいたら、
一人さんも私も黙っちゃいません（笑）。
「悪」や「暴力」に対して泣き寝入りしようとか、
自分がガマンすればいいんだ、っていう考えはないんです。
私だったら、ふざけたマネはしないでもらいたい、と言うでしょう。

一人さんだったら、もちろん、売られたケンカはちゃんと買うのですが、
ただ、一人さんの場合は「面白さ」で対抗するでしょう。
たとえば、高学歴なことを鼻にかけている人が、
誰かを小バカにしたことを言ったとしたら、
「あなたが言っていることは、
犬小屋の下を掘るとキャビアが出てくる、と言っているのと同じだ」
みたいな、わけのわからないことを言って、相手をかく乱させておいて、
自分はすべてをわかっているような顔をして相手にほほえみかける（笑）。

赤の他人の〝いい人〟がいるんです

身内の人に、暴言を吐かれたり、怒鳴られたり、
ロクでもないことをされている人がいるんです。
相手が「悪いこと」をしているのに、自分がガマンすればいいと思っている。

「親だから」とか、「家族だから」と言って、自分は逃げ出しちゃいけない、って。

あなたがもし、そう思っているとしたら、
ちょっと、自分の周りをぐるっと見渡してみてください。
赤の他人のほうが〝いい人〟なんじゃないですか？

一生のおつきあいをする人は、十人いるかどうかだ、という話を聞いたことがあります。
日本には一億二千万人も人間がいるのに、
赤の他人の〝いい人〟が、その十人の中に入れないっておかしくないですか？
もっと自分を大切にしましょう。

「価値観のないやさしさ」を神さまは喜ぶのか

人は「膨大なる愛と光」の分け御霊です。
みんな、神さまの名代として、この世に生まれました。
私はそう思っています。
この考えでいくと、暴言を吐いたりする人も神さまの名代です。
でも、私も神さまの名代だし、あなたも大切な、神さまの名代なんです。
神さまの名代である、あなたが暴言を吐かれたり、怒鳴られて、
それでも、泣き寝入りしたり、〝いい人〟でいるなんて、いけません。
そういうのを「価値観のないやさしさ」というんですよ。

神さまの名代として生きないで、「自分なんて」って、
自分に価値がないような生き方をして、誰が喜ぶのでしょうか。
喜ぶ人は、いないのではないでしょうか。
なぜかと言うと、
そういう生き方をしていると、自分の内《なか》に不満やうらみがたまり、

周りにも不機嫌の〝気〟をまき散らしたり、
自分がガマンしているから、他の人にもガマンさせたりするからです。

神さまはそんなことは望んでいませんよ。
神さまは、あなたに楽しく生きることを望んでいるんです。
一人ひとりが神さまの名代として生きて欲しいのです。

7

◇◇◇◇◇◇◇◇◇

「無自覚な悪」に気づく

◇◇◇◇◇◇◇◇◇

昔、聞いた話ですが、
お釈迦さまの弟子が、お釈迦さまに聞いたそうです。
悪いと知りながらソレをするのと、

悪いと知らずにソレをするのと、どちらが恐ろしいと思いますか？　って。
お釈迦さまは、こう答えたそうです。
悪いと知らずにソレをすることだ、と。
なぜなら、知らないから、ずっと、容赦なくソレを続けてしまうから。

知らないうちにやってしまっている「悪」ってなんですか、というと、
それは不機嫌です。

人って不思議でね、
他人《ひと》が不機嫌にしていると、一生懸命、機嫌をとるのに、
自分の機嫌はなかなか、自分でとろうとしないんです。
逆に、自分が不機嫌になるようなことを考えているんです。
「自分はこれができない、あれもできない」
とか言ってダメ出ししたり、自分を責めたりしてるんです。

不機嫌になる理由も、機嫌よくなる理由も探さない

いつも上気元な人は、「これこれこうだから、自分はダメなんだ」とかって、自分の機嫌が悪くなる理由を探しません。

また、「これこれこうだったら私は幸せ」とか、自分の機嫌がよくなる理由を見つけることもしません。

自分の機嫌がよくなるようなことを考えるんです。

今、自分が見たこと、聞いたことを、自分に都合がいいようにとらえるんです。

「上気元」というものは、自分が想像して作りあげるものなんです。

「えっ、作っちゃっていいんですか?」って、もちろん、いいに決まってます。

自分に都合のいいように作っちゃってください。

「正しさ」をつらぬきたくて不機嫌になるよりも、
自分の機嫌がいいことが、周りの人を救うんです。

ネガティブ・コメントの後に、ポジティブなひと言をそえると面白くなる

「自分のここがダメ」って、
そこでとめると〝笑えない話〟になってしまいます。
私だったら、そこでとまりません。
「私はここがダメ、これもダメ。
こんな自分ってエラいよな」
「あれもできない、これもできない、なのに生きてる。
自分って、すごいな」
最後に必ず自分をほめる言葉を置くんです。

ほめる理由が何もなくても、自分をほめるんです。
最後に「自分ってエライ」とか、
「自分ってすごい」ってつけ足すだけでいいんです。

それが、自分を応援する、ということです。
どんなときも、何があっても自分は自分を見捨てないことです。
自分が自分を応援するんです。
なぜなら、あなたの中にいる神はあなたを見捨てることは絶対にないからです。
だから、私は何があっても、自分を見捨てない。
それが、神さまといっしょに人生を歩く、ということです。

過去を感謝の材料に変えるコツは「一歩、前」

小学生のときに、自分はカンニングをしていないのに、
「カンニングしたな」って、
先生に言われたことを、大人になっても引きずっている人がいます。
それで自分が得をすることは一つもありません。

それよりも、過去は感謝の材料にすることです。

あのときがあったから、今の自分がある、って。

そう思ったと同時に、人は幸せになれます。


「幼い頃、自分の力不足で助けられなかった」

と言って、自分を責めている人もいます。

自分の力不足を痛感するような出来事は誰にでも一つか、二つ、あります。

大人になってからだってありますよ。

だけど、「自分の力不足で」って、もうすでに自分で答えを出してるんですよね。
ということは、これから自分に力をつければいいんです。

「力不足だからダメなんだ」って、引っ込みたくなるところ、
一歩、前に出るんです。
どんなに小さな一歩でもいいから、足を前に出すのです。
人を助けられるような人間になろう、って思えばいいんです。
そうしたら、自分のやることが見えてきます。

そうやって、一歩ずつ足を出していると、あるとき、ふと思うんです。
「今が幸せだな」って。
すると、「あのときがあったから、今があるんだな」って、
自分の内《なか》から自然と感謝がわきあがってくる。
そういうふうに人生はできているんです。

8

「気をつかう」より、「愛を配る」

「人づき合いのマナー」ってありますよね。
そういう本がたくさん出ています。
「人づき合いのマナー」って、人間関係の潤滑油《じゅんかつゆ》みたいなものです。
マナーを守っている人って、ステキです。
ただ、私はマナーについて、こう思うんです。
マナーというのは、みんなが機嫌よくいられるための道具なんです。
道具を使うのは、私たち人間です。
人間が道具に使われるのはおかしいのです。わかりますか？
マナーという道具を使う、人間の心のありようのほうに、より多くの価値があると、私は思っています。
「～ねばならない」という心でやっているのか。
それとも、「愛を配ろう」という心でやっているのか。

「愛を配る」ってそんなに難しいことではありません。
私は、私のところに集まってきてくれた人たちと、楽しくワイワイやっていたいのです。

自分も他人《ひと》に気をつかいたくないし、気をつかわせたくないのです。
そういう関係って、自分がいちばん疲れるし、私向きではないんです。
自分もガマンしたくないし、ガマンさせたくない。
そういう関係って重くなくて、いいと思いませんか？

自分も周りも気持ちが「あっ、かるく」なるようなことをする。
それが「愛を配る」ということだと、私は思っています。

第4章

「喜び」の中で生きる

これから「喜びの時代」が始まります。

どんな時代ですか、というと、
魂の声に従って生きるんです。
魂的にものを考えると「喜び」がわきあがります。
その「喜び」がわきあがった状態が「ワクワク」です。

じゃあ、どうやったらワクワクするのか、
私、柴村恵美子は、
どうやって魂的にものを考えているのかを、
ご紹介させていただきますね。

1

やりたいことをやる時間がないときの「時間の使い道」を見直すポイント

「やりたいことは、たくさんあるけど、それをやる時間がない。一日が四十八時間あればいいのに」

そんなことを思っている方は、案外、多いかもしれません。

私の知り合いにも、そういう方がいました。

その方に私は、このような提案をしました。

「時間の使い道を、一度、見直してみようか」って。

人は等しく、一日二十四時間という時間を与えられています。

この時間は、「楽しいこと」優先で使おうと、心に決めるのです。

「楽しくないこと」を「楽しいこと」に、振り替えていく。

すると発想が広がり、意外な解決策が見つかって面白いのです。

「楽しいこと」を優先すると、発想が豊かになる

「やりたいことは、たくさんある。でも、それをやる時間がない」

ということは、「やらなきゃいけないこと」「大切なこと」が多すぎるのですね。

でも、それらは本当に「自分がやらなきゃいけない」ことなんでしょうか。

知り合いの女性は、自分一人で、お店をやっています。

自分一人でやっているから「なんでも自分がやらなきゃ」って言うんです。

でも、それって本当ですか？

「自分のお店はいつもキレイじゃなきゃ」。それはわかります。

でも、「だから、自分が掃除しなきゃ」とかって本当ですか？

サラリーマンさんや、主婦の方だって、そうです。
本当に自分がなんでもかんでもやらなきゃいけないのでしょうか。
会社の社長さんが、「これもやって」「あれもやって」と、なんでも自分でやる。
自分一人で会社をやっているならまだしも、従業員がいるのに、
なんでもかんでも自分でやろうとすることは、会社として意味があるのかどうか。

この問いの答えを、「時間は、『楽しいこと』に使う」ということから考えてみます。

「楽しくないこと」を「楽しいこと」に、振り替えてみます。


商人にとって楽しいことは「お金を稼ぐ」ことです。

私が、もし、知り合いの女性のように自分一人でお店をやっているとしたら、

「お金を稼ぐ」ことを優先し、それ以外のことは、やりたい人にやってもらいます。

そんなこととしていいんですか、って、いいと思うんですよ、私は。

「あなたの代わりに私がやりたい！」

と言ってくれる人が出るぐらい、自分が魅力的な人間になればいいのです。
人は、魅力的な人間がいたら、その人を応援したいと思うのです。
応援することが、その人にとって「楽しいこと」なんですよね。

以上が、いつも上気元な私の、時間についての考え方です。

2

◇◇◇◇◇◇◇◇◇

面白くないからこそ、面白くする。それがいちばん面白い

◇◇◇◇◇◇◇◇◇

人は不思議です。
「なんだか、つまらないなあ。
なんか面白いこと、ありませんかね」
って、人に聞いているうちは、面白いことは見つかりません。

仕事でもなんでもそうです。

「面白くしよう」と思ったときから、面白くなってくるんです。

じゃあ、仕事を面白くするには、どうしたらいいのかというと、まずは改良点を探します。

そのときは、たとえば、私がお店をしているんだとしたら、

「この店は面白くない」

という目で自分のお店を見るんです。

なぜかというと、人は必ず「飽きる」動物だからです。
今は、お客さまを楽しませることができていても、
ずっと同じことをやっていると、やがて必ず飽きられてしまいます。
だから、お客さまが飽きる前に、もうちょっと楽しいことをして、
また、それに飽きる前に、もうちょっと楽しいことをする。

これを積み重ねていくんです。


そのために「この店は面白くない」という目で自分の店を見るんです。

お客さまより先に飽きて、

「もっと面白いことができないだろうか」

と改良点を探っていくために。

そんなふうに仕事をしていると、仕事って面白いんです。

「電卓ゲーム」でワクワク

最近も、私は自分の仕事を「面白くない」という目で見てみました。

そしたら、気がついたんです。

自分は商人である、ということを忘れていることに気がつきました。

そして、私が仕事を始めたときにやっていた、

「電卓ゲーム」を初心に戻ってやってみることにしたんです。

「電卓ゲーム」というのは、電卓を叩いて捕らぬ狸《たぬき》の皮算用《かわざんよう》をするんです。

たとえば、指圧マッサージは一人一時間でいくらだから、一日何人お客さまがくると……。

電卓をカチャカチャ叩いて、計算する。

指圧の順番待ちをしている、その時間を利用して提供できるサービスは何だろう。

それを利用する人は一日何人いるだろう……電卓カチャカチャ、にんまり。

じゃあ、このお金が入ったら、あのバッグを買って、これも買って、って考える。

それで、また上気元になっちゃうんですね、私（笑）。

「電卓ゲーム」に飽きる前に

「電卓ゲーム」をやってわかったのは、

電卓を叩いて、皮算用だけやっていると、飽きてきて面白くなくなってくるんです。
たとえば、テニスをしているときだって、
スコアボードばかり見ていて、
「テニスって、面白いな」
と思うことは、まず、ないでしょう。
それどころか、こちらがスコアボードに気をとられている隙に、
相手にスマッシュを決められちゃうんですよね。
やっぱり、テニスの試合中は、ちゃんと相手の動きを見て、
「ここだ！」というところにボールを打つ。
それが楽しいことなんですよね。
商売も同じなんです。
スコアボード（＝売上）ばかり気にしているんじゃなくて、
お客さまをちゃんと見て、
何が喜ばれるのかを考えてその結果、利益が出るから楽しいんです。

そしたら、今度は、お客さまに喜ばれることを加味して、さらに細かく分析をしながら電卓を叩いていくんです。

これをやったら喜ばれて、お客さまがこれぐらいになって……、カチャカチャ、にんまり。そして、実際にやってみて、当たったら、やったー♪

そうでないときは、もっと喜ばれるためにはどうしたらいいだろう、って考えて、人間の心理を学んだり、こうしよう、ああしよう、自分のこういうところを磨こう、いろいろ考える。

考えたこと、いただいたアイディアをやりながら、またワクワクするんです。

「このアイディアをやったら、次はもう一つ上がくる」

ということを経験して知っているからワクワクするんです。

働いて得たお金で、あなたは何をしますか？

仕事が面白くなる方法は、私の場合、「電卓ゲーム」ですが、
みなさんには、みなさんに合った、やり方が必ずあります。
宝探しをするつもりで、探してみてください。

宝探しの旅を楽しむコツは、
先に「ワクワク」という、ごほうびを、自分自身にあげること。
「働いて得たお金で、自分は何しよう、これしよう」とか、
「何を買おう、ヴィトンのバッグを買おう」とか、考えるのです。
そうやってワクワクしながら歩いた道が、成功の道になりますよ。

3

遊びも一番、仕事も一番

仕事は仕事。

プライベートはプライベート。

そういうふうに、きっちり分けたほうが、いいんだ、と考える方が多いのですが、

ちなみに、私や一人さんは、分けていません。

私たちにとっては、仕事が遊びで、遊びが仕事です。

「遊びが仕事」とは、どういうことかと言いますと、

遊んでいるとワクワク楽しくて、成功の知恵がひらめくんです。

心を楽しくするのが仕事

〝ひらめき〟は神の領域だと言われます。
人間の頭で考えてひらめく、というものではないのです。

この宇宙には〝ひらめき〟の素が存在します。
それを外国では「アカシックレコード」と言います。
仏教用語では「アカーシャ」（日本語では「空」）と言います。
アカシックレコードは、膨大なデータバンクです。
過去から現在、そして未来に至るまで、すべての情報が保管されています。
その中に〝叡智〟という成功の知恵があるのです。
ワクワク楽しい気持ちでいると〝叡智〟とつながるパイプができて、
成功の知恵が〝ひらめき〟という形でおりてきます。
これを「神的」と言うのです。

だから〝ひらめき〟は神の領域なのです。

私が遊びの時間を大切にしているのは、
社長の仕事は、成功の知恵を出すことだと思っているからです。
私は、遊ぶときは、ひたすら楽しく遊びたい。
だから、くたびれる働き方はしないんです。

持てる力の六割が全力

自動車って、最高速度を出せないようになっています。
最高速度で走ると危険だ、ということで、
その手前で、スピードがこれ以上出ないようにする装置がついているそうです。
私たち人間も同じです。
仕事でもなんでも、最高速度を出そうとするのではなくて、

「自分が持てる力の六割を出そう」と心がけるとうまくいきます。

一人さんはこう言います。

「勤めている人は全力を出すことよりも、
ケガをしないこと、病気をしないこと、
そして、明日も会社にくることが大切なんだ」って。

「えっ、全力、出さなくていいんですか」って思った方もいるでしょう。
「全力じゃなくていいんですか」ではなくて、六割が全力なんです。

「でも、火事場の馬鹿力というものがあるじゃないですか」って？
火事場の馬鹿力は、平時に出すものではありません。
平時は、「六割の力を出そう」と心がけるんです。
調子が悪いときは、調子が悪い自分が持てる力の六割を心がけるんです。

六割の力を心がけると、四割の〝ゆとり〟が生まれます。

そこへ、他力《たりき》が入ってくるんです。

「自分の力」プラス「他力」だと、想像以上の成果が得られます。


自分が持てる力をすべて出し切ろうとするのは、〝ゆとり〟がないのです。

「自分の力」だけになってしまいます。

もちろん〝ひらめき〟もやってこないのです。

残り四割は〝他力〟です

実は、かく言う私自身、昔は〝全力少女〟でした（笑）。

その頃の私は、うまくいかないことがあると、

「出し切ってないからうまくいかないんだ」

とカン違いをしていました。

実際は、もうすでに全力を出しているから、出ないのが当然なのに、

「なんで出ないんだろう、なぜなんだろう」

と焦って、肩にものすごく力が入って、ドツボにはまる、
ということが、ホントによくありました。


ところが、あるとき、何かの拍子に肩の力が、ふわっと、抜けたんです。

そしたら、「恵美ちゃんは、そのままで大丈夫」っていう〝ひらめき〟がきました。

周りをよく見ると、私を支えてくれている人がいることに気づきました。
なんでもかんでも、すべて、自分がやらなきゃいけない、
というのは、私の思い込みでした。
人は、自分の才能や能力を発揮させてくれる〝場〟を求めているのだから、
そういう〝場〟を、社長の私は提供すればいいんです。

頼めることはどんどん頼んで「ありがとう」って言っていればいいのです。
すると、ウチの従業員も、業者さんも、喜んで〝いい仕事〟をしてくれるうえに、
私は感謝されちゃう。
だから、六割の力を出す、ということは、
自分にも、みんなにとっても〝都合のいいこと〟尽くめなんです。

4
自分から〝渦〟を起こす

運に「いい」も「悪い」もありません。
ただ、運を悪くする人がいるだけなんです。
どういうことですか、というと、
自分の夢や目標に向かってワクワク楽しく歩いていけば、

龍が力をかしてくれて、
「なんて自分は運がいいんだろう」と思うことが必ずあるのに、
じっとしたまま、誰かが幸運を運んできてくれることを願うんです。
そういうことを考えていることが、運を悪くするんです。

私の場合は、運がいいことに、龍に味方をしてもらえました。
それは、もちろん、一人さんのおかげ、ということもありますが、
「自分から渦を起こそう」って覚悟を決めたからなんです。
覚悟を決めた時点で、私は龍の背中に乗るがごとく、
〝いい流れ〟に乗っちゃったんです。

ワクワク楽しく行動する人に龍が味方してくれる

一人さん曰く、

ワクワク楽しく行動する人には龍が力をかしてくれます。

ちなみに、龍とは「流《りゅう》」、すなわち〝いい流れ〟のことです。
タイミングよく〝いいこと〟が起きてくるんです。
それも、一度きりではなく、幸運が次の幸運を呼ぶんです。
幸運が連鎖していく〝いい流れ〟が龍なんです。

龍が味方をしている人をハタで見ていると、まるで渦のようです。
周りを巻き込んで、どんどん他力を自分に吸収しているように見えます。
でも、どんな渦でも、最初は自分から回って、小さな渦を作るんです。
龍が味方をするような人も、そうやって自分で小さな渦を作る人なんです。

うまくいかないときは、まず心の中を解決する

自分の夢や目標に向かって、一歩、足を出してみる。

すると、いろんな問題が出てきます。

最初から、そう簡単にうまくいくことはないのです。


運を悪くする人は、一回トライすれば簡単にうまくいくと思っているのか、そう簡単にはうまくいかないと「もうダメだ」とあきらめてしまいます。

成功する人は、そうじゃないんです。

今はうまくいかないけど、やがて必ずうまくいくと信じ込んでいるんです。

「このやり方では、うまくいかないことがわかってよかった」

と思って、改良するのです。


もう一つ、問題が起きたときに大切なことがあります。

それは、必死になって問題を解決しようとしないことです。
それをすると逆にうまくいきません。
それよりも、まず自分の心の中を解決します。
私の場合は、この言葉を唱えて、自分の機嫌をとります。

「間がよくて、うまくいくに決まってる」
「間がよくて、このことからは〝いいこと〟しか起きない」

唱えていると、段々、機嫌がよくなってきて、
どこを改良すればいいか〝ひらめき〟が訪れます。
そしたら、その〝ひらめき〟の通りにワクワクしながら動いてみればいいのです。
動くとまた改良点が見つかります。
そうやって、一つの目標に向かって改良を積み重ねていくんです。
「やってみる↓そう簡単にはうまくいかない↓心の中を解決する↓改良点が見つかる

→改良する→うまくいく→改良点が見つかる」

これを、ぐるぐる繰り返して、改良を積み重ねていくと、らせん階段をのぼるように目標地点に到達します。

5

◇◇◇◇◇◇◇◇◇

『古事記』から学ぶ「あっ、かるい」弱点克服法

◇◇◇◇◇◇◇◇◇

昔、神さまのことをもっと知りたいと思い、はじめて『古事記』を読んだとき、私は驚いてしまったんです。

なぜかというと、そこに登場する神さまたちが、とんでもないことをするんです。

たとえば、スサノオノミコトは亡くなったお母さんが恋しくて、大暴れするんです。田んぼを壊しちゃったりするんです。

そこだけを見ていると、とんでもない神さま、なのですが、
別の角度から見てみたのです。

すると、スサノオは、地球を守ってくれているんです。

スサノオは、海をおさめる神さまであると同時に、嵐の神さまでもあるんです。

だから、嵐が起きると、作物がダメになっちゃったり、建物が壊れたりするけど、
嵐が起きないと、太陽に照らされて海水温が上昇し、サンゴが死んじゃったりするんです。

地上だって、雨がふらなかったら砂漠になっちゃう。わかりますか？

そうです、嵐って必要なんです。

嵐がきて海が荒れて、海水がかきまぜられて、海水温が元に戻るようになっています。

さらに言うと、スサノオノミコトは、
天をおさめる、太陽の神さま、アマテラスオオミカミと、

いっしょになって仕事をしているんです。

太陽が照らしっぱなしだと、この地球は熱くなっちゃうんです。
それを防いでくれているのが海、スサノオです。
太陽に照らされると、海水から、蒸気という〝気〟がのぼって雲になり、
それが雨になって大地を潤《うるお》し、川をくだって、再び大海に戻り、
また太陽に照らされて、というふうに循環しています。
そうやって、アマテラスができないことをスサノオが助けているんです。

完ぺきではない、日本の神さまが教えてくれたこと

日本の神さまは完ぺきではありません。
それに対して、外国の神さまはオールマイティ、
あまりにも偉大で立派です。

日本の神さまは、天をおさめるアマテラスでさえ、完ぺきではない。

それぞれ、得意なことと、そうでないことがあるんです。

だけど、神さまたちは、得意でないことがあるからといって、恥じることはありません。

自分が得意じゃないことは、「得意な、あの神さまに頼もう」って。

だけど、他の神さまたちができないことは、「自分の才能をお役に立ててもらおう」って。

そうやって、みんなで補い合い、助け合っているんです。

だから、私も自分ができないことは、得意な人にやってもらって感謝しよう、って思う。

そうです、完ぺきではないところは、感謝するところなんです。

完ぺきではないからこそ、人は感謝を学べるんです。

神さまですら完ぺきじゃないから、「ま、いっか」

たいがいの人は、「人は完ぺきじゃない」と言うと、「そうだ、そうだ」と言うんです。

それは、自分が完ぺきじゃないことを知っているから、「そうだ」なんですよね。

ところが、他人《ひと》には完ぺきを求める。

そこが、完ぺきじゃない人間の「最大の完ぺきじゃないところ」です。

「自分の親はどうでこうで」と言っている当人も、完ぺきじゃないんです。

だけど、この国は神さまですら完ぺきじゃないんです。

なんでも、〝いいところ〟もあれば、悪いところもあるんです。

その中で、互いの〝いいところ〟を活かして生きるしか、

「幸せの道」ってないんじゃないのかな、って私は思います。

「ココとココがちょっとアレだけど、こんな〝いいところ〟もあるし、ま、いいか」

相手の長所をほめて、やらかしてしまったことは目をつぶってあげる。

他人《ひと》に対しても、自分自身にも目をつぶってあげる。

それが知恵、広い心です。

この知恵を私が授かったのは、「あっちにぶつかり、こっちにぶつかり」したからです。

失敗から宝が生まれたんです。

6

◇◇◇◇◇◇◇◇◇

諏訪大明神は一度も勝ったことがないのに 東関《とうかん》第一の軍神《いくさがみ》として信仰を集めた理由を考える

◇◇◇◇◇◇◇◇◇

私は〝幸せ〟に対して、とても貪欲な人間です。

ですから、「そう簡単にはいかない」ことを経験したとき、私は、

「ただ経験した」だけでは終わらせたくないと思ってしまいます。

そこで、時々、思い出すのが、一人さんから聞いた、諏訪《すわ》大明神の話です。

諏訪大明神とは、長野県の諏訪湖のそばにある諏訪大社、全国各地の諏訪神社の神さまで、戦《いくさ》の神さまとしては「東関第一」と言われています。

ただ、この神さまのすごいところは、戦に勝たずして、戦の神さまになったんです。

鹿島神宮の御祭神、タケミカヅチノカミに負けて、負けて、最後まで負けて、諏訪の国（現在の長野県）まできて、

「ココから出ません」と約束して、ゆるしてもらったと伝えられています。

それがなぜ、「東関第一の軍神」として信仰を集めるようになったのかというと、

「負けたから、いろんなことを学んで、勝ち方も知ってるだろう」って。

「失敗から宝が生まれる」ことを知っている神さまだから、

それに自分たちもあやかろう、ということなんです。

何を言いたいのかというと、
人生には成功か大成功しかないんだ、って言いたいんですね。
「負けた」ということは、学びの材料をもらっただけなのです。

負けて学んだことを、みんなと分かち合えば神になる

この世の中は、勝者は一人です。
ボクシングのチャンピオンでもなんでもそうです。
一人が勝者で、後は全部、負けなんです。
負けのほうが多いのは、なぜなんでしょう。
それは「負け」を経験する中で、何か学ぶことがあるからです。

何を学ぶのかは、人によって様々ですが、学ばない人はいません。
希望する学校に受からなかった子どもも学んでいます。
不機嫌な人も学んでいます。
会社に行かなくなった人も学んでいます。
ですから、本当は負けてはいないのです。
落ち込むための材料に使ってはいけないのです。

人生には「そう簡単にいかないこと」もある、負けることもある。
だからこそ、そこから立ち上がろうと努力し、学ぶんです。
自分自身をさらに魅力的な自分に改良し、さらに利口になるんです。
すると次は、うまくいったその方法を周りの人に教えようとするんです。
その心は、神さまと同じ「愛」なんです。
人はみんな神の分け御霊、あなたも私もそうなんだって、言いたいのです。

7

うまくいかないことは「夢を叶える階段」

私と一人さん、そして出版社の方と、打ち合わせをしていたときのことです。

一人さんに言われたんです。

「恵美子さんはなんでも一生懸命。失敗をしているときすら、一生懸命だった。それこそが、恵美子さんが垂直に突き抜けるように成功できた源なんだよ」

師匠にほめられて、うれしい反面、

「えっ、私、そんなに失敗してたっけ？」

本気でそう思ったんですね（笑）。

一人さんに言われるまで、自分が失敗したと思ってなかったんです。

あきらめられないから、自分を変えるしかない

私が失敗を失敗と思わなかったのは、

「そう簡単にはいかない状況」はチャンスだ！

と思っていたからです。

そう簡単にはうまくいかないことは、自分を一つ上にあげてくれる〝階段〟であって、

魂的にも、人生的にも、バージョンアップするチャンスなんだと思い、

私はワクワクしながら、目の前にある〝階段〟を一段ずつ、のぼってきました。

ワクワクできたのは、私に叶えたい夢があったからです。

想像もつかないぐらいのお金持ちになりたい。

洋服が欲しい、バッグが欲しい。

いいところに住みたい。

歌手になりたい。有名になりたい。
人の喜ぶ顔が見たい。
人をもっと愛したいし、人に愛されたい。
その夢をあきらめる、という発想が私にはありませんでした。

欲しいものは、どんなキレイな手を使ってでも、一つ、一つ、
全部、手に入れたい(笑)。
どんなキレイな手を使ってでも、です。
誰かの持ち物を奪って、とか、そういうことではないのです。
どんなキレイな手を使ってでも、手に入れるって、
奇跡でも起きない限り無理だ、って、たくさんの人が言います。
奇跡を起こせばいいんです。
龍に味方をしてもらえば奇跡は起きます。
そのために、自分を魂的にバージョンアップさせるんです。

自分をバージョンアップ、
やってみたら、いろんなことがわかってきました。
自分の魂を成長させていると、
問題は解決するうえに、神さまからごほうびがもらえるんです。
自分が欲しいもの、目指しているものはもちろん、
想像以上のものが手に入るんです。
そういうことを実際に経験するようになってからの私は、
ますます、問題が起きたときにワクワクするようになっていました。

私は、そうやって楽しいことを積み重ねながら、
魂の成長の〝階段〟を一つずつのぼってきました。
〝階段〟を一段、一段、のぼりながら、
自分が欲しいものを一つずつ手に入れてきたときに、私は気づいたんです。

「そう簡単にはいかないこと」は、自分の夢を叶える階段だったと。

これからは「喜びの時代」がくる

今までの「魂の成長」って、失敗から学ぶ、というアプローチの仕方だったと思うんです。

もう二度と、失敗したくないから、これをしない、とか。
失敗をしないために、これをする、とか。
でも、これからはそうじゃない。
これからの、「魂の時代」の成長は、楽しさと喜びの中で学ぶ、というアプローチ。
何を言いたいのかというと、みなさん、自分の夢を大切にして欲しいんです。
「お金持ちになりたい」

「異性にモテたい」

「オシャレをしたい」

「おいしいものを食べたい」

その「思い」をくだらないことだと思わないで欲しいのです。

その「思い」は、あなたの人生を輝かせる夢なんです。

「神さまの『愛』に一歩近づこう」とする原動力なんです。

8

◇◇◇◇◇◇◇◇◇

道に迷うと道を覚える

〝幸せ〟というのは、車の両輪みたいなものです。

「もっと、もっと」って、「もっと」を求めていく車輪と、

「今すでに、自分に与えられているものを数える」という車輪、

◇◇◇◇◇◇◇◇◇

この二つがうまーく循環していると、〝幸せ〟がどんどん大きくなります。

昔の私は、自分にはすでに与えられているものがたくさんある、
ということに気がつかなくて、自分自身に、
「そのままで大丈夫」
と言ってあげることができませんでした。
「このままじゃダメなんだ」という、根拠のない不安があったんです。
自分には何かが足りない感じがして、それがさらに不安を呼び込んで、
「もっとがんばらなきゃ」と思って、努力と根性でがんばりました。
それで、うまくいった時期もあったんです。
けれど、うまくいっても、不安はなくならないんです。
だから、「もっと」「もっと」って。

でも、神さまって本当にやさしいんですね。

風邪をひいて寝込んだり、私ががんばるのをやめる状況を出してくれるんです。
そして、健康がどんなに有難いものなのか、ということに私は気づくんです。

そんなことを経験しながら私は、
「もっと」を求めていく車輪と、
「今、すでに与えられているものを数える」車輪を、
うまい具合に循環させていくことを学んできました。

道に迷うことがあってもいいのです。
道に迷うからこそ、道を覚える、ということがあるのですから。
私がそんなことを言えるのは道に迷う経験をしたからです。
経験は人生の教師で、いちばんの宝なのです。

9

この世の中は、何を思い、何をするか

昔、一人さんが教えてくれました。

「神さまは、同じものを創らない。
浜辺に寄せては返す波の形だって、みんな違うんだよ。
人間も、一人ひとり、みんな違うんだよ」って。

確かに、同じ一人さんの弟子でも、講演が得意な人、そうでない人がいます。
本を書いたり、絵を描いたりして、みんなを楽しませるのが得意な人がいます。
みんなのバックアップをすることに命を燃やす人もいます。
みんな個性があるから、成功の仕方は一人ひとり微妙に違います。
ただ、成功した人を見てみると、「思い」には法則があるのです。

成功は、何を思い、何をしたか、なのです。

たとえば、自分が病気になったとします。
そのとき、周りに体の具合の悪い人を見かけたら、
「やさしい言葉をかけてあげよう」とか。
自分が体にいいものを見つけたら、「他の人にも教えてあげよう」とか。
そういう、やさしさを学ぶために、神さまが病気というものをくれたんだ、
そう思って、誰かの役に立とうとする人に、
神さまは想像以上の奇跡を起こしてくれます。

逆に、自分が病気をしたからといって嘆いてばかりいて、
誰かの役に立とうと思わない。
治ったら「よかった、よかった」と喜ぶけれど、
自分は何をしてよくなったのかを他人《ひと》に教えようとしない。

あなたが、もし、神さまだとしたら、そういう人の味方をしますか？

上気元で生きていると、神の奇跡が起きる

「周りにいる人たちがみんな不機嫌なんですよ」
そう言いたい気持ちは、わからなくもありませんが、
神さまが評価するのは、あなたが自分の機嫌をとっているか、どうかなのです。
周りじゅうが闇でも、あなたが上気元でいて、「あっ、かるく」していればいいんです。

自分が光になるんです。
ご縁も、仕事も、なんでも、光のあるところに集まってきます。
真っ暗闇の中で、光を見つけたら「あそこへ行ってみよう」ってなるのと同じです。
だから、まず自分の機嫌をとって、自分の心に灯《あかり》をともすのです。
あなたが上気元で生きていればそれでいいのです。

そうやって上気元になると、どんな〝いいこと〟がありますかって？
上気元だ、ということで、すでに成功なんです。
上気元が最高なんです。
サラリーマンなら、「上気元なサラリーマン」になったら最高です。
経営者だったら、「上気元な経営者」になったら、最高なんです。
けれど、その最高には終わりがないんです。
最高の幸せが、更新されていくんです。
それが神の奇跡なのです。

際限のない幸せが手に入る

一人さんが以前、こんなことを言っていました。
「オレは納税日本一の金持ちになった。

カノジョがいっぱいできた。
もう、これ以上の幸せはないと思ったの。
ところが、かつ丼一杯食ってたら『あぁ、最高だ』って（笑）。
ものすごく、ふつうのことが、最高なんだよ。
定食屋へ行って、定食を食べていると、めちゃくちゃ幸せだったり。
お店の人と『元気だった』とかって言いながら、
『この人生、最高だな』って思ったよ」

一人さんの話を聞いて、「あぁ、なんとなく、わかる」って、私、思ったんです。
昔は、ものすごいことに幸せを感じていたのが、
今は、「今日は空が青いなあ」とか、小さな幸せに感動するんです。
めちゃくちゃ上気元になっちゃうんです。
人の喜ぶ顔を見ていても、前となんか、違う。
魂が喜んでいるのがわかる。

最近、私は、タクシーの運転手さん相手に一時間以上、熱弁をふるって、幸せになっちゃったんです。

その運転手さんがとても感じのいい人だったんです。

テキパキしてるし、サービス精神旺盛な方でした。

私は「運転手さん、素晴らしいね」って、声をかけたんです。

すると、運転手さんが「いやあ、そうでもないです」って言うんです。

「そうでもないです、って、なんでそんなこと言うんですか?」って聞いたら、子どもの頃からいろんなことがあって、心のよりどころをずっと探してて、アルコール依存症になっちゃったんですって。

そこから、立ち直るためにたいへんな努力をして、今は一滴も飲まないんですって。

「あぁ、すごい人だなあ」と思いながら、話を聞いていたら、運転手さんが「どうやったら幸せになれますかね」って言ったんです。

私はそのとき、こう言ったんです。

「今のあなたでいいんですよ。
人って、そんなに、すごいことする必要はないんです。
何かを成し遂げることが成功ではないんです。
何があっても、上気元で生きる。
自分の人生を楽しんで『幸せだね』『楽しいね』って明るく笑って生きる。
そうやって生きてることが成功なんです。
『何が私にとって幸せなんだろう』って、幸せになろうとしてる段階ですでに成功者。
なぜなら、幸せのほうを向いているからです。
『幸せ行きの電車』に乗れば、行き先は幸せだと決まっているんです」
そんな話を熱く語ってしまった私。
たった一人の人のために、講演会をしていました（笑）。
でも、そうやって生きるのが、私は好き。
だから、一人のために一生懸命、話をしたんです。

今日がどんなに幸せでも、明日には勝てない

私がタクシーを降りるときに、その運転手さんがこんなことを言ってくれたんです。
「いろんな著名人の方をお乗せするのですが、お客さまのような方ははじめてです。お話が面白くためになって、こんなに心が軽くなったことはありません」って。

私は最高に幸せでした。
この自分に生まれてきて、本当によかったと思いました。
でも、上気元に生きていると、
今日の、この幸せも、明日にはまた更新されるんです。
際限がないんです。

一人さんに会ったとき、この話をしたら、
ぽつり、と一人さんが言ったんです。

「人のために尽くしているからお金がなくてもしょうがないんだ、って、言う人が多いんだけど、人のために尽くしてる人が、なぜ貧乏に甘んじなきゃいけないの？

みんなで豊かになればいいんだよ。

上気元で生きるということは、最高の人助けだから、

神さまはなんでも願いを叶えてくれるんだよ。

もっと豊かになろうと思えば、神さまが豊かにしてくれるんだよ」

特別掲載

納税日本一・
斎藤一人氏
×
ナビゲーター
柴村恵美子

地球に住んでる宇宙人による
〈わくわくトークセッション〉

もっと魅力的になって
もっとワクワクしよう

「恋をする」といいのはね、不機嫌になってるヒマがないんだ

恵美子さん　人って、何も考えていないようでいて、実は考えています。「自動思考」と言って、ひとりでに考えが浮かんできちゃう。

そのときは、たいがい、不機嫌になっちゃうようなことを考えちゃう。

だから私、ふだんから意識して「笑っちゃうぐらい、くだらないことを考えよう」って、心がけているんです。

一人さん　それは、オレや恵美子さんがそういう趣味だから、それでいいんだよね。ただ、他は我にあらずだし、それ以外に、いろんなことで人は上気元になれるからね。

恵美子さん　「恋をすること」だっていいもんね。

私ね、ずっと恋してるの。
三浦春馬《はるま》さんとか（笑）。
相手が芸能人だろうが、なんだろうが、「好き」っていう気持ちは恋でしょ。

一人さん　そうだね。
自分の周りで、好きな人がいれば、いいんだけど、
いなかったら、芸能界を活用するのは、すごくいいことだと思うよ。

恵美子さん　そもそも、芸能界の人は「一般の人に恋される」のが仕事ですからね。

一人さん　女の人って、いい男が好きじゃない？
カッコよくて、男気があって、人間的魅力がある男性が好き、って言うけど、
そういう男性は、自分の周りにいないし、
いたとしても、自分のカレシになってくれるかどうかわからない。

そうすると、いちばん気楽に恋を楽しもうと思ったら、芸能人に恋をすることなんだよ。

恵美子さん　それを「大人げないこと」とか思っちゃう人もいるけど、私も、一人さんもそんなことは思わない。

恋でもなんでも、自分の機嫌をとるって「最高の徳積み」ですよね。

一人さん　なんでもそうだけどさ、楽しみにバツを出しちゃいけないよな。他人《ひと》の楽しみにバツを出しちゃいけないし、自分の楽しみについてもそうだよ。

恵美子さん　芸能人を追っかけちゃダメとか、オシャレを楽しんじゃダメとか。楽しみ、喜びのない中で上気元でいようとする日常って、難行苦行じゃない？

私は、ラクで楽しい日常がいい（笑）。

女性だってステキな男性を見るとワクワクする。

ワクワクという〝ごほうび〟って大事だよね

一人さん　男っていうのはね、たとえば、毎朝、通勤電車の中で、魅力的な女性を見かけると、うれしくなっちゃうの。

「あんな魅力的な女性と、つきあいたいな」

って考えるとワクワクするんだよ。

恵美子さん　女性だってそうですよ、ステキな男性を見ると、ワクワクする。

一人さん　人間っていうのはね、もしかしたら、この電車の中に、カノジョ、カレシになる人間がいるんじゃないか、とか、ワクワクする何かがあるから、上気元でいられるんだよな。
桃太郎だって、鬼を退治する前にキジやサルにキビ団子をあげたんだよ。

それで、鬼退治に出かけたんだよね。

恵美子さん　ワクワクという〝ごほうび〟があるから、みんな元気に働けるんですよね。

一人さん　それを、〝ごほうび〟がいけない、って言うのはね、おかしいんだよ。

恵美子さん　仕事を通じて出会う人の中に、魅力的な男性がいるんじゃないか、とか、ステキなカレシができるんじゃないか、とか考えちゃいけない、って言う人がいるんだけれど、そんな楽しいことも考えずに、どうやって楽しく生きられるんですか？

一人さん　そんな画期的な方法があるんだったら、ぜひ、教えてもらいたいよね

（笑）。

恋を楽しんで、自分の機嫌をとってね、ワクワクしながら働いてる人に、「下心でやっているんでしょ」って盛りさがることを言わないで欲しいよな。

恵美子さん　明るく生きようと思ったら、燃える下心は必要です（笑）。

一人さん　人というのは、いつまでたっても、ときめきたいし、恋したいんだよね。それで、日本は豊かになって、今、恋を楽しめるようになったの。

恵美子さん　〝いい時代〟ですね。

恋には、恋の「道」というものがあるんですね。恋を通じて、自分を磨く

恵美子さん　恋をすると楽しいだけじゃなく、魅力的になるじゃない？恋をしてる人は若々しいし、美しいし、そして、やさしくなる。

一人さん　そうだね。もっとやさしくなると、他人《ひと》のことが思いやれるんだよな。あの人が、あの役者さんを好きなのは、こういう気持ちなんだな、とか。この人が、あのアイドルの追っかけをしてるのは、こういう気持ちなんだ、とかね。だから、恋には恋の「道」というものがあるんだよ。

恵美子さん　恋には恋の「道」があるんだ。お茶には「茶道」、剣術には「剣道」という「道」がある。その「道」を通して、人は自分を磨く。

恋にも「道」がある、ということは、恋を通じて、人は自分を磨く。

一人さん　そうだよ、魂の成長につながってるんだよ。

たとえば、昔の人は、

「人は好きずき、けなすは野暮よ」

と言ったんだよ。

どういうことですかって、人が人に惚《ほ》れるのは、前世からの因縁もあるんだよ。

だから、当人にすら、なぜ惚れるのかがわかんないの。

恵美子さん　こういうお話を聞くと、なおさら、

「なんで、あの人が好きなのか、わかんない」って言えないね。

一人さん　だから恋をしていると、

「惚れるって理屈じゃない」

ということを、身をもって知るんだよ。

恵美子さん　わかるなあ。

誰がなんと言おうと、自分の好きなその人がステキなんだよね。

だから、恋をすると「人は好きずき、けなすは野暮よ」ということも、わかるし、

「あなたの好きな人も、ステキな人だね」って言えるようになる。

一人さん　それが「魂の成長」なんだよね。

自分が言われて嫌なことは言わないことと、

自分が言われて、うれしいことを言ってあげること。

それが「愛」なんだ。「魂の成長」なの。

「有名になりたい」とか、「女性にモテたい」という「遊び」を一生懸命やっているから、機嫌がいいんだ

恵美子さん 「遊び」って、ホントにいろんな「遊び」があるんですけど、一人さんは、自分が「楽しいな」って思えることが「使命だよ」って言うでしょう。

一人さん そうだね。

恵美子さん 「使命」がいくつもある中で、これだけはどうしても、やめられない、あきらめられない楽しみがある。周りの人に「そんなことをして何になるの?」とか言われても、捨てられない、あきらめられない楽しみを持ってる人もいると思うんです。

一人さん そういう「強い使命」のことを「天命」と言うんだよ。

恵美子さんの場合は「有名になりたい」という「天命」を持って生まれたんだよね。

恵美子さん　私は、それが「天命だ」とわかったと同時に、自分が何をしたらいいのかがわかったし、それを考えるだけでワクワクして。

一人さん　なぜかと言うと、それが「天命」だからだよ。だから、使命感に燃えてやってください。有名になればなるほど、恵美子さんを応援してくれている人たちが喜んでくれるよ。

恵美子さん　私自身も、この道を歩いてることが幸せです。

一人さん　恵美子さんが、オレと知り合って幸せになったのはね、「有名になりたい」というのは、恵美子さんの中で、いちばんの「遊び」なんだよね。

恵美子さんは、この「遊び」を一生懸命やってるから、機嫌がいいの。

これからも自分の「天命」からズレないで、この「道」を進んでいけばいいの。

それが「成功の道」だからね。

恵美子さん　はい、ありがとうございます。
ところで、一人さんの「使命」はなんですか？

一人さん　オレかい？　オレは、日本中の女性たちから、

「一人さんのカノジョになりたい」

と言われるぐらい魅力的な人間になること（笑）。

恵美子さん　ブレがありませんね（笑）。

一人さん　人格者ですから（笑）。

自分が上気元なことが「最高」

恵美子さん　上気元でいると、自分自身も幸せで、運気がどんどんあがっていく、それだけじゃなくて、周りにいる人も、どんどん明るくなって、運気があがるでしょ。

一人さん　オレの周りにいる人もそうだけど、恵美子さんの周りにいる人も、そうだよね。

恵美子さん　はい、師匠を見習ってそうなりました。

一人さん　そばにきた人が明るくなる、って、オレの場合は、みんなをはげましたり、変えようとしたことがないんだよ。
ウチの会社の人たちのことですら、はげました記憶が一回もないの。

恵美子さん　確かに見たことがない（笑）。

一人さん　相手の暗さに引き込まれるんじゃなくて、
こちらの明るさに相手を引き込んであげればいいんだよ。
一歩でも、明るいほうへ、持っていってあげるんだよ。
そのためには、相手を明るくしてあげよう、じゃないんだよ。

恵美子さん　相手を変えずに、自分が太陽みたく明るく照っていればいいんですよね。
どんな暗闇でも、ひとたび太陽がのぼれば、明るくなっちゃう。
こちらの上気元の波動が相手に伝染して、自《おの》ずと変わっていくもんね。

深刻に考えると、見るもの聞くものが実際よりも大事になっちゃう

恵美子さん　そう言えば、先日、羽田から飛行機に乗ったんですよ。

そしたら、機内に不機嫌の〝気〟が充満してたの。

なぜかというと、滑走路が混雑してて離陸が二十分遅れたことと、あと、私の二つ隣の席に座っていた人が咳《せき》をしてたんだけど、マスクをしていなかったの。

その人が咳をするたびに、周りの乗客の視線とか、周りに漂う空気が、「風邪を引いているのになぜ、マスクをしてこないんだ！」って言っているような、そんな声が聞こえるようだった。

一人さん　恵美子さんは、そのとき、どうしてたんだい？

恵美子さん　私はついてることに、一人さんのお話を聞いてたの。一人さんの楽しい話を聞いて笑ってて、上気元だったんですよ。

上気元でいると、心に〝ゆとり〟がある、というか、守られている感覚があるんですよ。

近くで咳込まれても、私は、自分がうつされる気がしなかったし、離陸が遅れたことについても冷静に受け止められました。

それと、あのとき飛行機の中で、もう一個、私が思ったことがあるんです。

それはね、深刻に考えすぎて、目に見えるもの聞くものが、実際よりも大事《おおごと》になっちゃってることが多いよな、って。

だから、軽く、軽くなんですよね。明るく軽く考える。

欠点って本当はないんです。自分が「欠点」と思ってるだけ

恵美子さん　この前、タクシーに乗ったらね、運転手さんがスキンヘッドだったの。「髪の毛が薄くなっちゃったから、スッキリさせたんです」って運転手さんは言ってたの。

気にしなくてもいいのになって、私は思ったのね。

というのは、私、イタリアへファッションショーを見に行ったり、この前はハリウッドでミュージックビデオの撮影をしてきたじゃない？

海外では、髪の薄い人も堂々と自分を魅せていて、カッコよかったんですよ。

一人さん　日本だけだよ、薄いとか、濃いとか言うのは。

薄くても、ハゲていたって、それも魅力なんだよ。

そのことに気づけば、より魅力的な人格になる。

恵美子さん　海外の人は、そういう自分の魅力を知ったうえで、髪の薄い自分を、よりステキに魅せる髪型や服装はなんなんだろうって考える。だから、キマってて、めちゃカッコいいの。

一人さん　髪が薄いことを明るく考えるか、そうじゃないかで、人間の魅力って違ってきちゃうんだよな。

恵美子さん　地球に引力、人には魅力。魅力的になると、人間関係も、仕事もうまくいって、人生が輝く。やっぱり、明るく考えるって、大切ですね。

一人さん　こんなこと言うと、おかしいけどね。自分の代わりに、暗いことを考えてくれる人は、いくらでもいるんだよ。

だけど、暗くなりそうなときに明るいことを考えてくれる人は、自分しかいないの。

恵美子さん　もっと自分を可愛がらなきゃね。

自分を可愛がらないと、自分の中に不機嫌の〝気〟がたまっちゃう。

だから、苦しくなって、「相談」という形で、たまった不機嫌の〝気〟を吐き出したくなる。

相談にのってあげてる人は、その〝気〟に巻き込まれちゃうんだよね。

一人さん　ただ、当人は「相談してる」と思っているんだよ。

不機嫌の〝気〟を拡散している自覚がないんだよ。

恵美子さん　そうやって〝気〟を奪っている。無自覚だけど。

人の気持ちを重くするようなことを言っていちばん苦しむのは言った本人なんです

恵美子さん　この本を執筆するにあたって、質問状を制作スタッフの方に出していただいたんですね。

「こういうわけで不機嫌な自分は、どうしたら上気元になれますか？」

という質問だったんですよ。

私、スタッフの方に、聞いたのね。

この質問状を作ってるとき、あなたはいい気分でしたか？　って。

そしたら、いいえ、って。暗い気持ちになりました、って言うのね。

そこで、私はこう言ったの、「気づいてよかったね」って。

だって、人の気持ちを重くするようなことを言うと、聞いてる人の心が重くなるじゃない？

いちばん聞いているのは、自分自身なんだもん。

一人さん　だから、他人《ひと》を不幸にしたら、幸せってなれないんだよ。

恵美子さん　本当に、いい人なの、みんな、そう。

いい人が幸せになれないって、おかしくない？

いい人は、もっと豊かになっていいし、もっと幸せになっていいし。


一人さん　不機嫌の〝気〟をためちゃうのはね、「正しさ」で勝とうとするからだよ。

もっと不真面目になればいいんだよ。

人生っていうのは、もっと楽しさに満ちあふれているものなの。

それを、つまらなくするのは、クソ真面目な考え方だよ。

恵美子さん　徹頭徹尾、楽しく、自分のやりたいことをして生きればいいんですよ。
「それじゃあ、おかしくなっちゃう」って？　それが真面目すぎだ、って。

一人さん　オレは真面目じゃないけど、人生、ずーっとうまくいってるよ、って。

反抗期の子どもに何か言われたら、
「親だって反抗期があるんだぞ」って言い返す（笑）。
お互い、ガマンしない、させないのが〝魂の時代〟

恵美子さん　ある女性は、子どもに「こうしなさい」「ああしなさい」って、小うるさいことを言って、育ててきたんですって。

子どもは反抗期がなくて、その人はわが子を〝いい子〟だと思っていたんだけど、一人さんの本を読んで、反抗期は子どもの成長に必要なものだ、ということを知り、「お母さんは間違ってた、ごめんね」って子どもに謝って、「このくそババア、って言っていいよ」って言ったら、それ以来、子どもがずっと「くそババア」「くそババア」って言うんだって（笑）。
私、言ったのね、「このクソ息子」って言えばいいよって（笑）。
子どもが反抗期になって、親に何か言ったらね、
「親にだって反抗期があるんだぞ」って言い返しちゃえばいいんです（笑）。
そのほうがお互いにさわやかで、すがすがしく生きられる。

一人さん　「こっちだって、子どもを産もうか、仕事をとるか、考えたんだ。
その結果、おまえを産んだんだ。私にだって、言いたいことはあるのよ」とかって、
親も言えるようになると、いい親子になるよ。

恵美子さん　どっちかが言われっぱなしじゃなくて、
お互いにガマンしない、ガマンさせない関係が理想だね。

一人さん　そういう人間関係をつくっていくのが「魂の時代」だよ。

恵美子さん　そのためには、まず親のほうが、自分たちが子どもの頃に植えつけられた古い観念を手放すことですね。

自分が立派じゃないことが、しみじみわかると他人のデコボコを見ても「いいもんだな」って思えるね

一人さん　結局ね、反抗期の子どもが、どうかなっちゃう、っていうのは、親が「この子をいい子にしよう」とか、「立派な子どもに育てよう」とするからなんだよ。

恵美子さん　子どもも、親の期待に応えて、いい子になろう、とする。そんな努力なんか、しなくたって、いい子なんだよ。

一人さん　それを、学校の先生も、親も「もっといい子」にしようとするんだよな。丸いものを「もっと丸くしよう」と思って、ノミで削ると、どんどん、ちっちゃくなっていくんだよ。

恵美子さん　そのままの自分を認めてもらえなかったら、人は萎縮《いしゅく》しちゃう。

一人さん　地球だって丸いけど、完全にマルじゃないんだよ。エベレストもあれば、富士山もある。谷もあれば山もあるの。

恵美子さん　それを全部、真っ平にしようとするから、おかしくなっちゃうんだよ。

一人さん　わが子でもそうだけどね、他人《ひと》のことを細かく注意しすぎる人は、自分にも厳しいの。ところが、自分が遊びだすと、自分が立派じゃないことを認めるようになって、他人《ひと》のことを見ても「デコボコもいいもんだな」って思えるようになる。

恵美子さん　完ぺきは要《い》らない。というか、なれない（笑）。だけど、人は、どこにいても、上気元で生きることはできる。私、それでいいと思ってるんです。

というか、それが「最高の徳」なんじゃないかって。

一人さん　うまくまとまりましたね。

恵美子さん　はい、感謝します。

それでは、以上を持ちまして、「地球に住んでる宇宙人」による、わくわくトークセッションは、これにて。

一人さん、みなさん、ありがとうございました。

あとがき

柴村恵美子

人生は「自分にとって最高の幸せ」を探す旅です。
私はまだ最高の幸せを探し求めています。
何が最高なのか、私はまだ答えがわからないのです。
というか、わかったと言いたくないのです。
というのは、上気元で生きていると、最高の幸せが日々、更新されるからです。
この世の時間が終わるまで、「最高」を更新したいのです。
だから、私は最高の幸せを探し続けている最中です。

でも、「探し続けよう」っていう気持ちがあるから、楽しいんじゃないかしら？
これがなくなったらアウトだと私は思います。
「見つかった」としても、終わりがないんです。

幸せには際限がないから。
だから、これからも私は、もっともっと、これ以上の幸せをつかむんです。
そうやって考えていると、楽しいんです。
みなさんの中にも、今、上気元で生きようと、心に決めた人がいると思うんです。
そんな、あなたに、私から最後のメッセージです。
どんどん、神さまにお願いごとをしてください。
上気元で生きるようになったとき、
人は地上にいながら、天とパイプが繋がっているんです。
願いが叶いやすいんです。

私がここまでこられたのは、大胆に欲張ったから

十八歳で北海道の清水谷村から東京に出てきて、
木造アパートの六畳ひと間に住んでいたこの私が、ここまでこられたのは、

一人さんと出会って「上気元で生きること」を始めた、だけじゃなく、
大胆に欲張ったからなんです（笑）。
上気元で生きてるから、「神さま、お願い」って。
あれもこれも、大胆に、天にご注文を出したんです。
そしたら、大胆なことが向こうからきちゃった。

「大胆に欲張っちゃいけない」って、思い込まされてきた人がほとんどでしょう。
でも、みんなが思ってる「いけないこと」って本当はないんです。
あなたは、もっと自由に、自分の思い通りに生きて、
たった一度のこの人生を思いっきり、謳歌《おうか》してください。

それが神さまの願いです。
私はそう信じています。
ありがとうございました。

ひとりさんとお弟子さんたちの
ブログについて

斎藤一人オフィシャルブログ

https://ameblo.jp/saitou-hitori-official

一人さんが毎日あなたのために、ついてる言葉を、日替わりで載せてくれています。ぜひ、遊びにきてください。

斎藤一人公式ツイッター

https://twitter.com/O4Wr8uAizHerEWj

お弟子さんたちのブログ

舛岡はなゑさんのブログ	https://ameblo.jp/tsuki-4978/
みっちゃん先生のブログ	https://ameblo.jp/genbu-m4900/
宮本真由美さんのブログ	https://ameblo.jp/mm4900/
千葉純一さんのブログ	https://ameblo.jp/chiba4900/
遠藤忠夫さんのブログ	https://ameblo.jp/ukon-azuki/
宇野信行さんのブログ	https://ameblo.jp/nobuyuki4499/
尾形幸弘さんのブログ	https://ameblo.jp/mukarayu-ogata/

楽しいお知らせ

無料

ひとりさんファンなら
一生に一度はやってみたい

「八《はち》大《だい》龍《りゅう》王《おう》参り」

ハンコを10個集める楽しいお参りです。
10個集めるのに約７分でできます。

場所：ひとりさんファンクラブ
東京都葛飾区新小岩 1-54-5
（ＪＲ新小岩駅南口アーケード街徒歩3分）

電話：03-3654-4949
年中無休（朝10時～夜７時）

無料

金運祈願
恋愛祈願
就職祈願
合格祈願
健康祈願
商売繁盛

「楽しい九字切り」は各地のまるかんの
お店でも、無料で教えてくれますよ。

斎藤一人（さいとう　ひとり）
実業家、「銀座まるかん」（日本漢方研究所）の創業者。
1993年以来、毎年、全国高額納税者番付（総合）６位以内にただ１人連続ランクインし、2003年には累計納税額で日本一になる。土地売却や株式公開などによる高額納税者が多いなか、納税額はすべて事業所得によるものという異色の存在として注目されている。
主な著書に、『斎藤一人　楽しんだ人だけが成功する』『「気前よく」の奇跡』（以上、ＰＨＰ研究所）、『絶対、よくなる！』（ＰＨＰエディターズ・グループ）、『強運』『人生に成功したい人が読む本』『知らないと損する不思議な話』『人生が楽しくなる「因果の法則」』（以上、ＰＨＰ文庫）、『斎藤一人　絶対、なんとかなる！』『斎藤一人　俺の人生』（以上、マキノ出版）、『お金の真理』（サンマーク出版）などがある。その他、多数の著書がすべてベストセラーになっている。

〈著者略歴〉
柴村恵美子（しばむら　えみこ）
Emiko Shibamura
銀座まるかん柴村グループ代表。納税日本一の事業家で著述家でもある斎藤一人さんの一番弟子。講演家、著述家。
18歳のときに一人さんと出会い、一人さんの肯定的かつ魅力的な考え方に共感し、一番弟子になる。全国高額納税者番付で、一人さんが１位になったときに、自身も全国86位の快挙を果たす。現在に至るまで一人さんの楽しくて豊かになる教えを自ら実践かつ普及している。主な著書に『斎藤一人　昇り龍に乗る！』（マキノ出版）、『斎藤一人　必ず成功する例外思考』（KADOKAWA）、『斎藤一人　天が味方する「引き寄せの法則」』（ＰＨＰ研究所）、『斎藤一人　天も応援する「お金を引き寄せる法則」』（ＰＨＰエディターズ・グループ）などがある。「引き寄せシリーズ」は累計40万部を突破した。

斎藤一人　上気元《じょうきげん》
「強運」に引き寄せられる習慣

2020年３月24日　第１版第１刷発行

著　者　柴村恵美子
発行者　後藤淳一
発行所　株式会社ＰＨＰ研究所
東京本部　〒135-8137　江東区豊洲5-6-52
第二制作部ビジネス課　☎03-3520-9619（編集）
普及部　☎03-3520-9630（販売）
京都本部　〒601-8411　京都市南区西九条北ノ内町11
PHP INTERFACE　https://www.php.co.jp/
制作協力
組　版　株式会社PHPエディターズ・グループ
印刷所　大日本印刷株式会社
製本所　東京美術紙工協業組合

ISBN978-4-569-84666-8

PHPの本

斎藤一人　天が味方する「引き寄せの法則」

柴村恵美子　著

人間関係が良好で、お金も集まる人には共通点がある。日本一の高額納税者・斎藤一人氏から教わった人間関係が改善しお金が自由に手に入る法。

定価　本体一、〇〇〇円（税別）